个人领导力丛书
丛书主编 蔡礼强

Self-management Achieving
in One Week

一周自我管理课

个人领导力的修炼基石

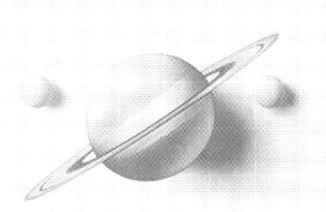

蔡礼强 ○ 主编

中国社会科学出版社

图书在版编目（CIP）数据

一周自我管理课：个人领导力的修炼基石 / 蔡礼强 主编．— 北京：中国社会科学出版社，2018.10
（个人领导力丛书）
ISBN 978-7-5203-2041-2

Ⅰ．①一… Ⅱ．①蔡… Ⅲ．①自我管理学 Ⅳ．① C936

中国版本图书馆 CIP 数据核字（2018）第 027467 号

出 版 人	赵剑英
责任编辑	黄　山
责任校对	张文池
责任印制	李寡寡

出　　版	中国社会科学出版社
社　　址	北京鼓楼西大街甲 158 号
邮　　编	100720
网　　址	http://www.csspw.cn
发 行 部	010-84083685
门 市 部	010-84029450
经　　销	新华书店及其他书店
印　　刷	北京明恒达印务有限公司
装　　订	廊坊市广阳区广增装订厂
版　　次	2018 年 10 月第 1 版
印　　次	2018 年 10 月第 1 次印刷
开　　本	710×1000　1 / 16
印　　张	15
字　　数	245 千字
定　　价	39.00 元

凡购买中国社会科学出版社图书，如有质量问题请与本社营销中心联系调换
电话：010-84083683
版权所有　侵权必究

序言

一周能干什么？ 开会两次？约会一次？踢一场球？睡一个懒觉？

一周会遭遇什么？ 被领导批评一次？上班迟到一次？错过精彩讲座一次？发脾气一次？忽然觉得一切都没意思一次？看着日程表发慌一次……

一周，可以改变一个人吗？

试着用一周读完这本书你就知道了

这不是成功学，虽然它像一本秘籍……

这不是心灵鸡汤，虽然它有很多励志故事……

它不只是写给想"成功"的人，也写给那些在平凡中迷失自己的人……

从周一到周日，每天收复一个曾经沦陷的你

七天过后，你就会发现一个不一样的自己

中国社会科学院"领导力研习营"

一、领导力研习营的定位与使命

1. 定位

领导力研习营是由中国社会科学院十余位学者共同组织发起的一个跨学科的领导力理论研究与实训交流平台,以领导力研究中心的雄厚学术团队为理论研究和学术支撑,以 MPA 教育中心开展的公共管理硕士教育和党政干部培训为理论运用和实战检验,致力于领导力的学术研究、教学培训、知识生产与媒体传播。

2. 使命

借助专家团队强大的哲学社会科学研究成果和研究能力,构建融汇东西、具有中国本土特色的领导力理论框架与知识体系,打造领导力研究和实战化培训的国家级高端学术研究与传播平台。

二、领导力研习营的工作机制与工作重点

1. 开放灵活的工作机制

搭建一个跨学科、综合性的领导力交流研讨平台,定期组织不同学科专家理论研讨、经验交流、对话分享。把理论研究与实践运用相结合、学术分享与课程研发相统一、研习主题与高端培训相转化、研习成果与市场开发相促进。

2. 工作重点

学术研讨,通过定期研讨推动本土化领导力知识和理论体系构建;
精品课程,推动研讨成果上课堂转化为领导力系列专题讲座;
高端培训,以领导力培训为主线设计系列高端培训专题;
系列生产,推动领导力学术研究、培训教材、本土案例等多类型成果出版。

三、领导力研习营的创始团队与工作体系

1. 创始团队

领导力研习营的专家团队以中国社会科学院优秀中青年学者为主体，都是在公共管理研究生学位教育以及高端干部培训课堂上的优秀老师。为保证领导力研习营的活力和研究水平，领导力专家团队采取动态开放机制，不断扩充遴选具有高超理论水平和丰富实践经验的专家学者加入。

2. 工作体系

领导力研习营学术专家团队

不同学科的专家团队定期举办领导力研习活动，并将研习成果转化为领导力系列专题讲座和学术成果，主要发挥理论研究和学术引领作用。

领导力研习营实务专家团队

来自中央部委和地方政府的司局级领导干部，发挥自身领导经验丰富的优势，结合对领导力理论的思考，开设领导力系列实务讲座，主要发挥经验总结与跨界交流作用。

领导力研习营实训教练团队

在领导力专家团队的理论探索和授课指导下，由管理团队骨干组成的领导力实训教练团队，通过领导力实训专题对学员进行教和练，主要发挥理论验证与督促推动作用。

领导力研习营实战检验团队

在公共管理硕士和党政干部培训中采用参与式、行动式、团队式和研究式学习方法，通过领导力专家团队的授课指导和领导力教练团队的陪伴引领，在学习中思考领导力，在行动中提升领导力，用个人和团队的学习成效检验和完善领导力理论。

"领导力研习营"实训教练

白玲玲

历史学硕士,"领导力研习营"实训教练。

教练内容: 公共演说,沟通、效能管理等。

董竞

管理学硕士,"领导力研习营"实训教练。

教练内容: 时间管理,思维训练等。

高妍春

心理学硕士,人力资源管理师(二级),"领导力研习营"实训教练。

教练内容: 目标管理,情绪与压力,生活中的决策。

翁琨

心理学硕士,生涯规划师,"领导力研习营"实训教练。

教练内容: 团队沟通,自我认知。

司琨

历史学硕士,高级礼仪培训师,"领导力研习营"团队内训主讲。

教练内容: 公务礼仪,绩效管理。

目录

01 | 星期一 能量满满日 Monday
好的开端 从目标开始

用目标华丽转身——目标管理 ………………………… 3

一、华丽转身的正确方式——设定目标 ………………… 3
1. 你忙，就是你重要吗？ …………………………………… 3
2. 有目标和没有目标的差别 ………………………………… 4
3. 有目标的人有未来 ………………………………………… 7

二、"SMARTER"原则，设定目标的"七个关键词" …… 10
1. 目标设定的陷阱 …………………………………………… 10
2. "SMARTER"原则 ………………………………………… 12

三、"大目标+小目标"一切皆有可能 ………………… 20
1. 大目标成就不可能的你 …………………………………… 20
2. 大变小：让不可能成为可能 ……………………………… 22
3. 变小的方法："不可能"变为"可能" …………………… 23

四、搞定这5步，迈向成功路 …………………………… 29
1. 找到终极目标，获得持续动力 …………………………… 30
2. 定位优势，规避劣势 ……………………………………… 31
3. 用PDCA循环获得持续动力 ……………………………… 33

I

4. 将目标视觉化 ·· 36
5. 现在就行动 ·· 37

Tuesday
星期二 诸事繁杂日
我的时间不够用 | 43

唱响人生的今日歌——时间管理 ·············· 45

一、认知时间、把握时间 ·········· 48
1. 时间的本质 ·· 48
2. 时间的感觉 ·· 48
3. 对待时间的态度就是你的高度 ················ 49
4. 目标决定时间的流向 ······························ 50

二、做好时间管理的"八大绝招" ············· 51
绝招1：举起"计划行动"的"魔力棒" ········ 52
绝招2：让"任务清单"解放大脑 ················ 52
绝招3："四象限"法则搞定优先顺序 ·········· 54
绝招4：打败拖延症 ···································· 55
绝招5：用好习惯带来高绩效 ······················ 57
绝招6：培养专注力 ···································· 59
绝招7：碎片时间点石成金 ·························· 60
绝招8：积极应对时间浪费 ·························· 61

三、走好人生的"平衡木" ································· 65
1. 改变对工作的态度 ································· 65
2. 整理私人生活 ······································ 65
3. 正确对待工作与休闲 ······························· 66
4. 常回家看看 ·· 66

69 Wednesday
星期三 靡靡日
周末还远
情绪患病

医治情绪重感冒——情绪管理 ······················· 71

一、认识情绪 ··· 73
1. 消极情绪有"毒"！································ 73
2. 智商越高越恐惧? ·································· 74
3. 揭开情绪的面纱 ··································· 76
4. 各情绪生来平等 ··································· 76

二、体察情绪 ··· 79
1. 情绪如影随形 ······································ 79
2. 情绪吃定了你 vs 你掌控了情绪 ···················· 80
3. "情绪 ABC"理论 ································· 81

三、表达情绪 ··· 83
1. 你今天"踢猫"了吗? ····························· 83

2. "情绪堵塞" ·· 84
　　3. 情绪管理"红绿灯" ·· 84

四、识别与管理他人情绪 ·· 86
　　1. 培养共情 ··· 86
　　2. 在合适的时机表达情绪 ··· 86
　　3. 共享苦与乐 ··· 87

五、工作中的情绪 ·· 88
　　1. "情感事件"理论 ·· 88
　　2. 团队情绪："房间里的大象"和"地毯下的蛇" ··················· 89
　　3. 情绪传染 ··· 92
　　4. 情绪劳动 ··· 93

六、情绪调节 ··· 96
　　1. 应对消极情绪的六招 ·· 96
　　2. 常用的情绪调节策略 ·· 96

Thursday
星期四 深水探索日
边做边学
103

将蜕变进行到底——学习管理 ·· 105

一、生命不息，学习不止 ·· 106
　　1. 学习是一种生活方式 ·· 106

 2. 长大后为什么学习? ……………………………………… 107
 3. 有收获的学习是自发性的 ……………………………… 108

二、成年后应该学什么? ……………………………………110
 1. 根据现有知识结构学习 ………………………………… 110
 2. 制定学习目标 …………………………………………… 111
 3. 在工作中学习 …………………………………………… 112
 4. 从兴趣中学习 …………………………………………… 113

三、成年人三大学习障碍 ……………………………………114
 1. 淹没在信息的海洋 ……………………………………… 114
 2. 陷入碎片化的知识迷雾中 ……………………………… 114

四、关于学习的错误理念 ……………………………………116
 1. 学习的起点是焦虑 ……………………………………… 116
 2. 学习资源就是"书" …………………………………… 116
 3. 每个人都遵循同样的方式来学习 ……………………… 116

五、如何有效学习? …………………………………………118
 1. 自己学 …………………………………………………… 118
 2. 向书本学 ………………………………………………… 120
 3. 提问学习法 ……………………………………………… 122
 4. 向别人学 ………………………………………………… 123
 5. 在工作和生活中学习 …………………………………… 124

Friday 星期五 狂欢日 为何找不到成就感？ 129

培养长久愉快做事的能力——效能管理 …………… 131

一、什么是效能？ …………………………………………131
1. 为什么你的"情绪储藏室"里，它们是常客？ …………131
2. 你真的知道什么是"效能"吗？ …………………………132

二、让自我效能感提升主观效能 ……………………135
1. 自我效能感：你有成功的信心吗？ ………………………135
2. 测量你的效能感 ……………………………………………135
3. 自我效能感从哪里来？ ……………………………………137
4. 自我效能感"三个关键词" …………………………………138
5. 自我效能感的强心剂 ………………………………………139

三、如何夺取效能高地 …………………………………143
1. 方法一：重点突破法 ………………………………………143
2. 方法二：双流工作法 ………………………………………148
3. 方法三："能量补充"法 ……………………………………152
4. 方法四：价值归位法 ………………………………………154

159 | 星期六 休整总结日 Saturday
我收获了什么?

种豆得豆——结果管理 ·················· **161**

一、结果的三大误区——你中招了吗? ················**161**
1. 目标等于结果? ························· 161
2. 态度等于结果? ························· 164
3. 任务等于结果? ························· 167

二、结果预设三要素································**171**
1. 和你的结果"约法三章" ····················· 171
2. 用"做到"思维代替"做完"思维 ················ 173

三、促成结果的三助力·························· **175**
1. 时间都去哪儿了? ························ 175
2. 解除"多任务"的魔咒 ····················· 176

四、Check你的结果 ···························· **181**
1. 和"结果"约会 ························· 181
2. "戴明循环":对接结果和目标 ················· 183

五、走在"由N到1"的路上 ························ **187**
1. "关注结果"的结果 ······················· 187
2. 三招成全十年后的自己 ····················· 187

VII

Sunday 星期日 冥想日 | 191
汇聚能量
再起航

你需要认识的你自己 ················· **193**

一、你是谁？——"我是谁？" ············ **194**
1. 我们会客观看待自己吗? ················ 195
2. 自我认知通常被用在哪里? ·············· 197
3. 从发展阶段来理解自我 ················ 202

二、在困境中自我拆解 ··············· **206**
1. 职业的选择：用兴趣搭配职业 ············ 206
2. 职业的适应：没有定位就进入职场怎么办? ···· 215
3. 职业的发展：将志趣兑换出价值 ············ 216
4. 职业的平衡：建立持久稳定的亲密关系 ········ 217

三、你幸福吗？什么可以让你幸福？ ········ **220**
1. 走出"钱多幸福"的误区 ················ 220
2. 幸福在哪里? ······················ 221
3. 幸福就是追求目标的过程 ················ 221
4. 帮助他人是否曾让你获得幸福感? ·········· 222
5. 帮助他人为什么会让人感到幸福呢? ········ 223

参考文献 ······················· **225**

Monday
星期一 能量满满日
好的开端 从目标开始

实训教练：高妍春

课前寄语

并不是有了工作才有目标，而是相反，有了目标才能确定每个人的工作。

——彼得·德鲁克

Mon. Tues. Wed. Thur. Fri. Sat. Sun.

用目标华丽转身——目标管理

针对人群

忙忙忙，忙到没时间上厕所、没时间约会、没时间思考的人。

课堂逻辑线

目标设定对人生的重要性——看清目标的属性——设定目标的方法——设定目标的步骤。

一、华丽转身的正确方式——设定目标

1. 你忙，就是你重要吗？

现在朋友亲人聚在一起必须说的一句话就是忙啊、累啊，不说忙和累就好像你的工作不重要，你在单位不重要，你在家里也不重要……忙，到底是"空闲"的对立面还是"效率"的反面？比起空闲来，忙碌可以让你获得更多的地位感，但它绝对不是"效率"的代名词。

咏的手机响了，他拿起手机接了起来，只听他说："还在加班呢，忙死了，你们先吃吧，不用等我了。"咏的工作就是这样，每天下班时间都是九点以后，每次回到家看到的都是孩子熟睡的脸。他用手敲打着桌面，还不时咬着嘴唇，伸手去拿他的忠实伙伴——咖啡杯，深陷在多项任务中。这会儿电话又响了，

对方嗓门很大："兄弟，听听谁来了？"咏一听："老大？啥时候到的？"这位老大是咏研究生的同学，毕业以后他就回内蒙古老家了，只有来北京出差，才会有相聚的机会，咏想，工作算什么，老朋友来了必须得见，来了打电话给你的人是将你看作朋友的人，想着的同时他已下意识地关上了电脑，即使仍然有尚未完成的任务。两人见面的第一句话，又被大家猜中了，"工作很忙吧？""是啊，连抽支烟的工夫都没有……"

> **画外音**
> 人在江湖飘，哪能乐逍遥！
> 谁不是忙成陀螺、累成狗啊！

"白加黑，五加二"，睡得比狗晚，起得比鸡早，这成了公务员队伍的真实写照，加班的不仅是咏一个人，整栋楼都灯火通明，咏继续说，"总感觉日子过得浑浑噩噩，一天一天就这么过去了，一直在忙，但是工作却毫无起色，甚至前进一步，倒退两步，好羡慕那些成功的人啊"。

2. 有目标和没有目标的差别

没目标的人是在给有目标的人打工

当你忙到没有时间思考时，就需要思考了。其实，工作很累且没有成效，与个人是否有目标是相关的。

世界上分为两类人：一类是有目标的人；另一类是没有目标的人。大家都在努力工作，但是结果不同。有目标的人，所有的工作都是围绕在已设置好的目标展开，按照轻重缓急的原则来分配，最后一件件完成，完成一系列工作后，发现自己的目标达到了，会觉得满足，并认为自己是个成功者；而没有目标的人，他的工作结果是在帮助有目标的人达成目标。

有一个调查是这样，选择的被调查者是500强企业的CEO和一般的普通人，调查的形式是给被调查者打电话，内容是询问"您此时正在思考什么"，一天中选择8次不同的时间去询问。调查结果差异性非常显著，CEO们都在思考："我到底想要什么？如何达到？"而普通人更多的回答是："没有想什么，不确定，领导怎么安排就怎么做。"人生其实是一张单程的火车票，无所谓从哪里来，关键是要知道去哪里。

三个石匠的故事多数人耳熟能详：当看到工地里三个石匠都在搬运石头时，一名记者过来问他们，"您在做什么？"第一位说我在搬石头啊；第二位说我在砌墙；第三位说我在建一座教堂。

> **课堂冲击波**
>
> CEO们经常在思考：我到底要什么？如何达到？
> 普通人却经常……什么都没想。

可见每个人对自己工作的理解都是不同的，有的人设定了长远的目标并做了规划，有的人则只盯着眼前的利益，当一天和尚撞一天钟。

"借不借钱"的难题，用目标思维搞定

《逻辑思维》在"弱者的逻辑"一期中提到，是否借钱给朋友往往也与目标有关。你的朋友突然向你借钱，数目是5万元，你觉得跟他的关系一般，然后就纠结，其实就是目标感丧失：我又不想得罪这个人，但是我又舍不得把钱借给他，然后就纠结。

结果是什么？只有两种：一种，琢磨了半天，还是把钱借了，人家发现你抠抠唆唆的，你还是把人得罪了，然后钱还没了；另一种，你坚决不借，也把人得罪了。所以，没有目标感，最后一定是你吃亏。

> **画外音**
>
> 借钱是最让人头疼的事儿了。难道简单的目标思维就能搞定？

那么有目标感的人会如何处理这件事呢？

如果你的目标是跟这个人交朋友，那就需要尽量多地借钱给他，并且还要问一问是否需要其他帮助。如果将"不借"作为目标也可以，找出一些比较"合理"的借口，直接拒绝，

再通过别的途径来维系关系，这样就不用纠结了。没有目标，同样会影响人际关系的维护。

没有目标的人"活得累"

大家都知道"辛苦"是当下使用频率最高的热词之一，无论是社会名流还是在校学生、职场白领，都面临着各种压力，这些压力让我们备感辛苦。大家可以想一想，每天是为自己工作还是为自己的领导工作？美国著名心理学家丹妮尔·拉波特写过一本书是《你原本无须这么辛苦》，道出了一个人容易忽视却又很重要的道理——为自己工作，为自己而活，你才不会感到辛苦。[1]

如何做到为自己工作？首先就需要有自己的目标。不想当将军的士兵不是好士兵，直白一点儿就是人要有追求。当有了追求后，自然会想到足够多的办法来解决问题。就像男生追求女孩，只要有了追求的目标，自然有办法找到电话号码、课程表、上课的路线、喜欢吃什么、好朋友是谁、送花、唱歌、点蜡烛、拉横幅、花样表白。

彼得·德鲁克在《管理的实践》中首次提到目标管理与个人控制，有一整套丰富的理论体系，撼动了传统管理模式的地位。用一句话来概括其核心思想，便是——我现在做的，使我更接近目标。也就是说通过实现一系列的小目标去达成最终的大目标，从而不仅增强自信心，并且因个人有效管理自己而获得成就感。德鲁克认为，**并不是有了工作才有目标；而是相反，有了目标才能确定每个人的工作。**

> **课堂冲击波**
>
> 先有鸡还是先有蛋也许不清楚，但有一点很清楚：一定是先有目标才有工作；没有目标的工作，也许只是瞎忙活。

---

[1] ［美］丹妮尔·拉波特：《你原本无须这么辛苦》，化宪宪译，企业管理出版社2013年版，第110—124页。

3. 有目标的人有未来

目标是生活的靶心

　　1953年哈佛大学做过一项研究，研究"有目标"和"无目标"对社会的影响，整个社会中划分出了四种人：其中27%的人没有方向和目标，每天忙忙碌碌，为了生存而活；60%有模糊的方向，但没有清晰的目标，知道往那边走，但是工作没有结果；10%的人具有非常清晰的短期目标，生活富裕，工作状态很好；3%的人创造了世界上所有的奇迹，不但有方向有目标，有长远规划，还将目标视觉化、听觉化和触觉化。如图1-1所示。

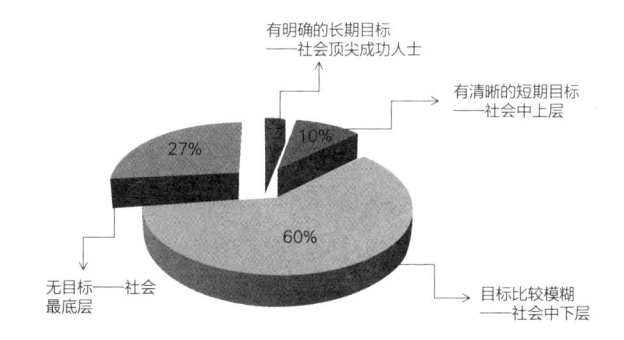

图 1-1　目标对人生的影响

　　爱默生曾说，一个朝着自己目标永远前进的人，整个世界都会给他让路。目标是个人、部门或者组织所期望的成果，即在一定时间内所要达到的具有一定规模的期望标准，简单定义就是给梦想的实现加个数字和日期。

　　目标就像一个标靶，拥有特殊的鞭策能力，同时可以帮助自己进行自我控制。有了目标就可以清晰地知道每件事情的目的，以便更好地为自己工作。可以在忙乱中集中注意力，将精力转移到你该做的事情上。《阿甘正传》中的主人公阿甘，智力稍显智障，但是傻人有傻福，从靠金属架走路到成为飞奔如风的大学橄榄球明星，再到乒乓球的外交大使，无一不是专注的力量使然，无一不是"watching the ball"在起作用。增强行动力和竞争力，懂得目标管理的人，做事情必须在时限内完成，不会导致拖延症，速度制胜，别人还在思考时，你已经在做了。有了目标可以使你全力以赴，不会轻易放弃。我们的思维会像雷达一样运转，内置的导航系统会使我们不断去争取，并把我们的努力指向目标，如图1-2所示。

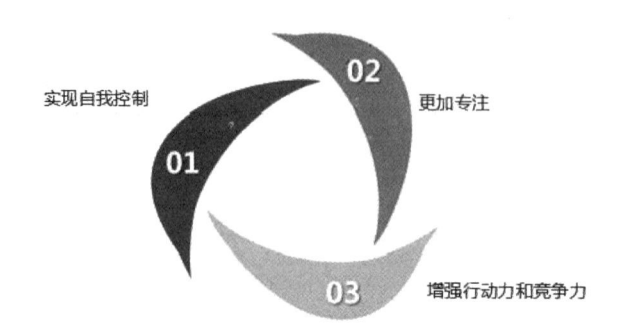

图 1-2　目标对人生的影响

为什么你没有目标？

虽然目标很重要，但是很多人并未体验到目标的好处，原因有三类：第一类，没有目标管理的意识，不知道目标管理为何物。第二类，从未设定过目标，虽然知道目标管理的方法，但是没有实践过。第三类，知道目标管理这个方法，也尝试过，但是没有效果。上文中关于目标的重要性的说明可以使存在第一、第二类原因的人有了使用目标管理的动力，下一章的内容将解决第三类"制定了目标但没有实现"的问题。[①]

[①] ［美］克利夫·里科特斯：《领导学：个人发展与职场成功》，戴卫东等译，中国人民大学出版社2007年版，第389—390页。

"课间"茶歇

◎ 忙碌可以让你获得地位感，但它绝对不是效率的代名词。

◎ 没有目标的人，他的工作结果是在帮助有目标的人达成目标。

◎ 为自己工作，为自己而活，你才不会感到辛苦。

◎ 3%的人创造了世界上所有的奇迹。这些人不但有方向，有目标，有长远规划，还将目标视觉化、听觉化和触觉化。

◎ 一个朝着自己目标永远前进的人，整个世界都会给他让路。

二、"SMARTER"原则，设定目标的"七个关键词"

1. 目标设定的陷阱

年初，咏报了一门自我管理能力提升课，而第一节课的主题名为"目标管理"。这堂实操课，要求学员在上课之初就填写自我管理档案。在填写档案时，咏发现其实自己可以有很多目标，比如家庭目标、事业目标、财富目标、学习成长目标、人际关系目标、健康休闲目标等等。咏思考了一番后，在自我管理档案中的每一个方面都给自己制定了"目标"。在一项"能力提升"的目标构建过程中，他这样描述，"提升团队协作能力，与各位同学一起完成'感动瞬间'栏目的收集、整理、编制等工作。"年底结课总结，咏翻了翻年初时制定的目标，挠了挠头，自己也不确定当初的"目标"到底实现了多少。

> **画外音**
> 所谓目标设定，不就是给领导和人力资源交差的东西吗？真正的工作中，谁用这个？

其实，像咏这样写目标的学员不在少数。他们习惯在一开始便把目标制定得又全面、又宽泛，而到总结阶段，却发现目标无从考量或没有实现——这就是陷入了所谓的"目标设定误区"。

手段不等于目标

习近平总书记非常重视党员干部的学习，他认为不断学习可以让一个人具有努力上进的进取心。为落实习近平总书记的指示，一些部门领导积极响应，在单位建起小型图书馆，鼓励部门同事制定读书目标，以此来促进大家学习。那么，落实情况到底如何呢？

咏的同事小李制定了提升思维能力的年度目标，他围绕这个目标读了100本关于思维能力的书，将读书作为个人思维能力提升的一个手段，并最终高效率完成了。咏效仿他,也给自己制定了100本书阅读量的目标,但究竟为何这么制定他说不上任何理由,结果三天打鱼两天晒网,到头来逼迫着自己读了十几本书。

我们试着用"POA"思维来解释一下这个案例:

POA(Partner,Objective,Acceleration)行动力,行动力=(P/O)×A=(伙伴/目标)×方法,即越多的伙伴,越聚焦的目标,越给力的方法,行动力越强。如图你会觉得100本书是"O"吗?实际上它只是"A"而已,只是实现某种目标的方法。咏看起来与同事采用了同样的"A",但他的"O"却与小李的大相径庭。

> **课堂冲击波**
>
> 你的行动再多,也未必有效;关键要看目标是否明确。没有目标的行动,就仿佛是没有目的地的航行,永远也无法靠岸。

"POA"思维公式:$行动力 = \dfrac{团队成员P \times 方法A(读书、写作、演讲……)}{O(思维能力提升)}$

因此,若想提升个人的行动力,就必须去审视自己的目标——到底哪些才是真正的目标,哪些又只是实现目标的方式?实现的目标有好多种,但是当你把方式手段作为目标时,有时候就会觉得很痛苦,明明这种方式不适合你,你却还要硬撑着。

少数而不是很多目标[1]

目标是随着任务的实现而实现的,它可以让个人更加集中力量、专注于

---

[1] [奥]弗雷德蒙德·马利克:《管理成就生活》,李亚等译,机械工业出版社2009年版,第112—113页。

去做某些事情。为自己制定的目标应该是少而重要的目标。制定少数几个目标，不意味着可以不必努力，可以懒洋洋地四处闲逛。请记住：我们需要的是少数且重大的目标，即那些显著的，一旦达成就意义重大的目标。高效能人士有一个非常重要的习惯："我不应该做什么，不想做什么？"现实生活中不做某些事与做更多的事情都是很重要的目标。

当我们有了目标，就不会无所事事地"捕蝴蝶"了。当然，这里的目标并不是普通意义上的"目标"，而是指符合"SMARTER"原则的目标，那么，到底什么是"SMARTER"原则呢？

2."SMARTER"原则

S——具体、明确、清晰（Specific）

制定目标时不能停留在抽象的描述层面，而是要具体和明确。比如，"我想买车""我想买房""我要好好学习""我要努力成为优秀的人"……这些都是一种描述，不够具体，而"我要成为今年的优秀毕业生"等才算是一个具体目标。

日常中目标越具体，越容易实现。有研究成就动机的专家做过这样的实验：选拔20个跳高的人，他们均可以跳到1米以上，这时候将20人随机分为两个组，一个组被告知必须跳到1.2米以上，一个组被告知尽量跳高一些，结果，第一组所有的人达到要求，第二组只有个别人跳到1.2米以上。

设定目标时很多人往往采用"形容动词"来代替目标的具体性，"提高""完善""提升"等，都只是目标的方向而不是具体化。比如，"为所有的骨干人员安排进一步的提升培训"，这里的"进一步"既不明确也不容易衡量，到底说明了什么意思？是不是只要安排了这个培训，不管效果如何都叫"进一步"？再如，在一些组织中，经常出现这样的目标："继续完善项目策划方案，努力提高工作能力。"

> **画外音**
>
> 提高、完善、落实、提升，这些词不是万能模板吗？不能不用啊，不然公文怎么写？

这些采用"形容动词"的目标都是无法测量的,在实现过程中就更加困难。

M——"数字力"就是竞争力（Measurable）

目标应该是清楚的,而不是模糊的。应该有一组明确的数据,作为衡量是否达成目标的依据。英国曾经有研究显示,有"数字力"的人薪水会很高,要比普通人高三成,而没有"数字力"的人,失业率会很高,是普通人的两倍多。工作中设定目标的时候,如果能恰当地通过数字来表达,将目标量化,目标将更容易实现。

若目标没有可衡量性,就无从判断所制定的目标能否实现。通过数字将目标量化,可以很好地了解和把握目标和现实的差距,清楚地界定目前的情况离目标还有多远。有些目标可以直接量化,比如读多少本书,写多少篇博客,都是可以量化的。但有些目标却只能间接量化,如在提升表达能力方面,可以通过设定一些"指标"来进行目标测量。这些指标可以包括利用陌生场合发言时"说错"的次数减少,交代工作时"重复"的次数减少等"指标",都可以间接反映表达能力是否得到提升。

用数字把目标定量化看起来很简单,也很管用,但还是有许多值得注意的地方。

第一,关注实现目标的最终意义。现实中经常出现的一个问题是为了量化,为了数字,制定目标的初衷都忘记了。就像医院的绩效管理,一心想将对病人的服务做好,提升病人的满意度,为了达到这个目的,设置了一个"零死亡率"的目标。然后,这家医院就把"没有事故,尽可能地挽救生命"奉为宗旨,对"零死亡率"的目标进行定量化。实施过程中,医务工作者满脑子都是"零死亡率",对于死亡率高的病人不断地拒绝掉。结果,最终目的是提高病人的满意度的医院,却成为人人眼中"不人道"的医院,这个方法非但没达到"提升病人满意度"的效果,实际上离设定目

> **课堂冲击波**
>
> 有"数字力"的人,薪水高;没有"数字力"的人,更容易失业。这些都是真的吗?

标的初衷也越来越远了。目标的量化不能脱离制定目标的初衷。

第二，目标的量化不能忽略情感。某知名化妆品生产企业在评价员工的绩效方面，主要是考核员工的销售业绩，结果工作人员一心想着提升销售量而"拼命营销"，影响了客户的感受，导致客户大量流失，从企业的长远发展来看是很不恰当的方式。后来企业的管理人员洞察到这一问题，采取将客户的"回头率"作为工作人员的评价指标，从一定程度上平衡了企业的利益与员工的能动性。所以即使采用客观的数字评价也会起到不良效果，因此目标的量化要兼顾一定的情感。

第三，参与目标制定很重要。有些组织的通常做法是管理层将目标分解量化后，直接分配给执行者去完成任务，至于为什么制定这个目标，这个目标的意义是什么，执行者无从得知。

一个负责销售的部门要求每一位销售员要实现1000万元的销售额，实际上大半个月过去了，某个销售员的销售额还不到250万元。他自然觉得"这个月八成实现不了了"，进而灰心不再想办法去完成了。

> **画外音**
> 量化、指标、产量，这些和数字有关的东西，不知道让多少事情本末倒置。

类似于这些问题，究其原因，便是销售的这个目标不是由本人决定的。人们往往对自己决定的事情比较容易接受，而如果只是一味地执行，接受起来就比较困难了。因此，管理者尽量不要直接下达目标，而是让团队中的人自己定目标，再对这个目标进行必要的修正。这样一来，执行目标的人就会更积极地去完成目标。

目标需要尽可能多地量化，但又不能走向极端，忽视那些同等重要却不能量化的事情。

A——可达到的，"摘桃子"而不是"摘星星"（Attainable）

多年前在美国进行了一项成就动机的试验。15个人被邀请参加一项套圈的游戏。在房间的一边钉上一根木棒，给每个人几个绳圈，目标是将绳圈套到木棒上，离木棒的距离可以自己选择。站得太近的人很容易就把绳圈套在木棒上，于是很快就觉得无聊了；有的人站得太远，老是套不进去，于是很快就泄气了；但有少数人站的距离恰到好处，不但感受到这个游戏具有挑战性，而且他们获得了成就感。实验者解释，人往往有高度的成就动机，需要不断地设定具有挑战性但做得到的目标。

套圈游戏，如何才有挑战性？太近没有意义，太远也不想去，只有所站的地方离目标的距离合适时，才能吸引人继续玩下去。

再比如"30天内登上火星"这一目标，很具挑战性但是不现实；"月底前从180公斤减到90公斤"，挑战性大于可行性；"每天吃一个鸡蛋"的目标，非常可行但又不具备挑战性。

可以设定"摘桃子"这种通过努力就可以达成，但又不乏挑战性的目标。但具备挑战性的目标，也不能像"摘星星"一样困难，以至于丧失了完成目标的动力。

人们通常情况下希望通过付出一定的努力达到设定的目标，如果在主观上，个人认为实现目标的概率很高，便会产生信心，并激发出很强的工作能力；反之，如果认为目标很大，即使努力了也不会有很好绩效时，就会出现内在动力不足的情况，导致消极心态，如图1-3所示。

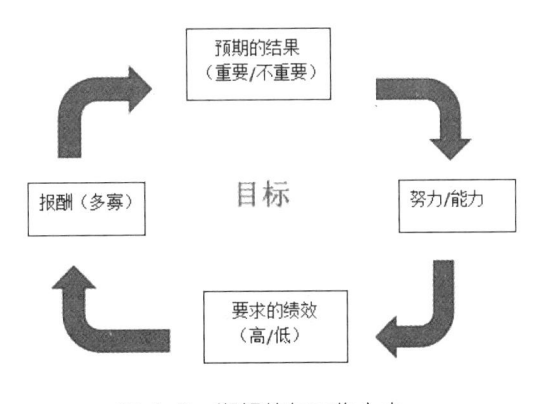

图1-3　期望值与工作心态

R——搭对梯子的位置 (Relevant)

很多人为无法实现工作与生活的平衡而备感遗憾、郁闷，在家庭、单位以及自身中扮演的角色总是出现冲突，把人生搞得焦头烂额、一团糟。

其实，在这些"多重角色"下制定的目标并非如鱼和熊掌般不可兼得。例如，锻炼身体这个目标，直接作用就是改善你的健康状况，间接作用是你在工作时能保持旺盛的精力，增强自信心，又会让你成为更好的父母，更好的朋友。再如，一位经理的职业目标是成为公司的 CEO，同时他想跟家人建立更亲密的关系，为了实现这些目标，他决定加入社区委员会，这样既能锻炼领导能力，又有益于家庭生活，成功完成了目标的兼顾。

美国著名管理学家史蒂芬·柯维说过，当你顺着阶梯一步步向成功顶峰攀登的时候，一定要确定梯子搭对了位置。设定个人目标须与组织和岗位的目标相一致，并且有助于组织目标的实现，如果实现了这个目标，但与其他的目标完全不相关，或者相关度很低，那这个目标即使被达到了，意义也不是很大。

例如，一名公职人员，要根据组织和岗位的需求来设定目标，而不能每天计划如何成为一名演员，这样是与组织目标相冲突的，只会导致个人成为一个矛盾体。

> **课堂冲击波**
> 当你顺着阶梯一步步向成功攀登的时候，如果梯子的位置没有搭对，努力并不能保证成功。

随着社会的发展，一些群体不满足于单一职业和身份的束缚，而选择拥有多重职业和多重身份的多元生活，这个时候个人目标就会更加多元，无论如何充分考虑"我能做的、我需要做的、我愿意做的"这三者的共同之处，才不至于使个体处于矛盾中，如图 1-4 所示。

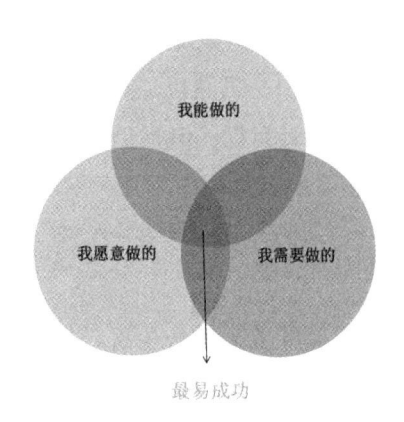

图 1-4　目标设定三结合

T——目标也有"截止日期"（Time-bound）

梦想和目标的区别之处在于目标是有时限的。乘坐飞机时，机票上标注的航班起飞时间信息，可以使乘客根据路途的长远，设定出发到机场的时间，而航空公司则依赖于系统的、精确的、信息化的全球目标制定和管理，将旅客顺利按时送到目的地。目标的实现也一样，需要有"截止期限"。

安东尼·罗宾讲，没有不切实际的目标，只有不切实际的截止日期。所有的目标只有在一定的时间内完成才有意义，否则，就如同没有目标。一旦给自己制定了清晰的日程表，就向着截止日期去努力，若没能按时间完成，可以将截止日期推迟，但是不能没有日期。给自己定一个赚"一个亿"的小目标，你是会设定"五年内"还是"五年后"呢？给自己定一个看一本小说的目标，你会定"周五看完"还是"周日之前"呢？毋庸置疑，像"五年内""周五看完"这类时限性强的目标不易被拖延，实现的可能性更大一些。

设定时间限制给我们提供了一个可以量化的维度，能够更直观地观察到自己是否在进步。假如你正为马拉松做准备训练，今天你跑 20 公里所花费的时间比四周前 20 公里所花费的时间少，那就说明这几周的训练是卓有成效的。

设定时限最有效的方法是制订达成目标的计划和完成的期限，你需要制订每年、每月、每周甚至每天的计划，并设定完成的期限。

> **画外音**
> 设定时间是把自己逼入绝境！我要对自己狠一点儿吗？

如上，就是经典的"SMART"原则，读到这里会发现，虽然可以严格地按照"SMART"原则一步步设计目标，但是仍然感到动力不足。

可扩展的（Expanding）

除了"SMART"目标，实际上需要一个可扩展的目标，是指你清楚地知道这个目标的深远意义。你知道这个目标是为一个更高、更重要的目标所服务的，或者是能够演变成更大的目标。

明白了自己的问题之后，咏按照"SMART"原则里的要点，为自己制定了一个写作的目标，即每天晚上11点前至少要写500字的心情日记。"可是，时不时地，我依旧想要偷懒，甚至放弃这个目标，"咏说。

人性的惰性与拖延，很多人都有，可是当我们将这个目标赋予更深远的意义，比如想到写出系列文章后可以出版一本书，可以对评职称等个人提升添加筹码时，写下去的动力便滚滚而来了，这就是可扩展的目标带来的良性效应。

可以回报的（Rewarding）

人总是趋于享受即时的快乐，而避免即时的代价。德鲁克指出，我们不应该尝试去改变自己，而是要加强对自己的理解，才能更好地引导和提升自己。

对于咏来说，在埋头为著书的长远目标不懈努力时，也需要通过内在、外在的"回报"不断奖赏、激励自己。比如答应自己完成两万字后可以看一次演出，来一次精神犒劳，不但可以放松身心，也有可能触发深层次的灵感；在朋友圈不时地与好友交流自己的文章，得到好友鼓励、称赞，可以加深对问题的思考，并获得长期的动力。

因此，想要有源源不断的动力，就不能只盯着终极目标，而是要学会在整个过程中为自己设立小的节点，回报自己。

> **课堂冲击波**
>
> 我们不应该尝试去改变自己，而是要加强对自己的理解，才能更好的引导和提升自己。

"课间"茶歇

"SMARTER"原则：

◎ 具体的（Specific）

◎ 可以衡量的（Measurable）

◎ 可以达到的（Attainable）

◎ 相关性（Relevant）

◎ 具有明确的截止期限（Time-bound）

◎ 可扩展的（Expanding）

◎ 可以回报的（Rewarding）

三、"大目标+小目标" 一切皆有可能

课堂冲击波

对于在一年内取得的成就，我们大大高估了自己，而对于五年内可能取得的成就，我们又大大低估了自己。

每一个人，这一辈子，在这两种情况下是最快乐的：一种是在获得成功的那一刻；一种是在实现理想的路上。理想是远处的风景，目标是脚下的台阶。

1. 大目标成就不可能的你

"北京协作者"发展服务中心是一家社会组织，成立于2003年，从"非典"救援服务中成长起来的团队，致力于开展参与式社区发展服务，回应流动人口和社区孤寡老人、儿童的社区服务需求。"北京协作者"在一定程度上推动了本土社会工作专业服务与社会组织服务模式的创新，为更多的社会工作者开展了系列能力建设，其服务模式已成功地推广复制到其他地区。在这样的社会环境下，能够独傲群雄、脱颖而出，必有其过人之处，中心主任李涛这样说："协作者之所以发展到今天，我觉得最重要的是有一个目标，并坚持做下去。做好自己，作出自己的品牌，不依附于政府，不再是政府的伙计、同伙，而是平等的协作伙伴，这也是北京协作者一致的追求。"

组织的发展需要有使命的引领，同理，个人的发展致力于价值的实现。

画外音

"知道自己想要什么，每天叫醒自己的不是闹钟，而是目标。"

詹姆斯·艾伦曾经说过："受制于欲望，人会变得渺小；执着于信念，则会成就伟人。"在制定目标之初，个人需要对目标进行狂想，以便于制定出宏大目标。假设你有一根对事业、成就施加魔法的魔杖，思考这个问题时，一个非常想要的成果可能在你的脑子里快速闪过，现在想象你只有一次达成它的机会，你肯定会全力以赴的，对吗？这种对未来的憧憬会激发你无限的潜能，

只要你的确在热切盼望,并且愿意付出时间和汗水,你就会成为你想成为的人,拥有你想要的东西,做到你想到的事情。

管理大师彼得·德鲁克说过:"对于在一年内取得的成就,我们大大高估了自己,而对于五年内可能取得的成就,我们又大大低估了自己。别让这种事情发生在你身上。"

目标水平与任务绩效的关系研究表明,目标水平越高,所表现出的任务绩效越高。[①] 如图 1-5 所示,只有理解和接受个人所设定的目标,才能对目标有一种承诺,通过努力来达成目标。设定目标有助于提高工作动机,可以减少与冲突相关的角色压力。

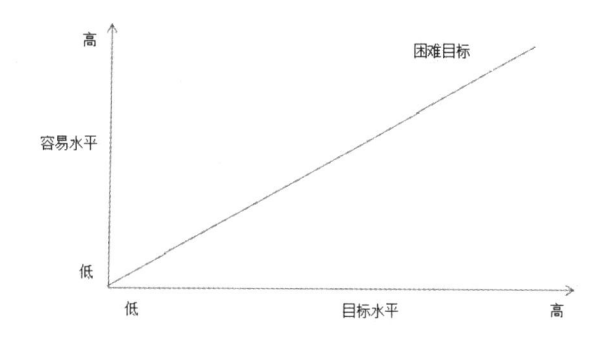

图 1-5 目标水平与任务绩效

人们往往觉得宏观目标是遥不可及的,因为他们缺少"SMART 原则"中的"可达到"原则。我们为什么要制定下宏大的目标?这简直是不可能完成的任务。但实际上我们个人的潜力还有很大部分尚未挖掘,如果不去试试看,我们永远不知道自己的极限能到达什么程度。聚焦于大目标,当下的小困难都不是事了,知道自己想要什么,每天叫醒自己的不是闹钟,而是目标。

---

① [美]詹姆斯·坎贝尔·奎克:《组织行为学:现实与挑战》(第7版),刘新智、闫一辰、邱光华译,清华大学出版社 2013 年版,第 186 页。

2. 大变小：让不可能成为可能

很多人知道了宏大目标的重要性，也了解了目标制定的原则，并且为自己制定了宏伟的目标。制定之初比较兴奋，想象着实现目标后的美好，并且立即精神抖擞，充满了奔赴目标的力量，但是这种动力没有维持很久便消失了。有时候，真不能相信"良好的开端是成功的一半"这句话，因为大部分人做事只有"三分钟"热度，很少有人能坚持下来。

为什么呢？

这是每一"个体"的共同特性，在奔赴目标的路上，缺少了对自己的行为的强化，因为你只有一个大目标，没有体会到完成小目标的成就感。

美国总统奥巴马在2016开学季《我们为什么要上学》中提道：我号召你们每一个人都为自己的教育定下一个目标——并在之后，尽自己的一切努力去实现它。你的目标可以很简单，像是完成作业、认真听讲或每天阅读；或许你打算参加一些课外活动，或在社区做些志愿工作；或许你决定为那些因为长相或出身等原因而受嘲弄或欺负的孩子做主、维护他们的权益。不管你决定做什么，我都希望你能坚持到底，希望你能真的下定决心。

佛罗里达州立大学心理学教授安德斯·埃里克森认为，最能让人成长的好目标，是"有明确标准、短期内就能知道成败的目标"，小目标可以避免"老虎吃天——无处下口"，当然，再微小的目标也有失败的时候，有时我们明明很有把握，但做到最后，却功亏一篑。失败是苦涩的，会让人怀疑自己的能力，甚至会让人就此一蹶不振，然而，小目标的另一个好处是，即使失败了，也能提供即时反馈，以便更好地提升自我管理能力，如图1-6所示。

一是要有一个总目标，也就是所谓的最终目标。就像跑马拉松，最终目标是跑完全程。二是要对总目标进行分解，形成多个子目标。比如，把42公里分解成数个3公里、4公里、5公里，等等。三是要给目标贴上时间标签，使目标具有可操作性。比如，10分钟跑完3公里，15分钟跑完5公里，等等。

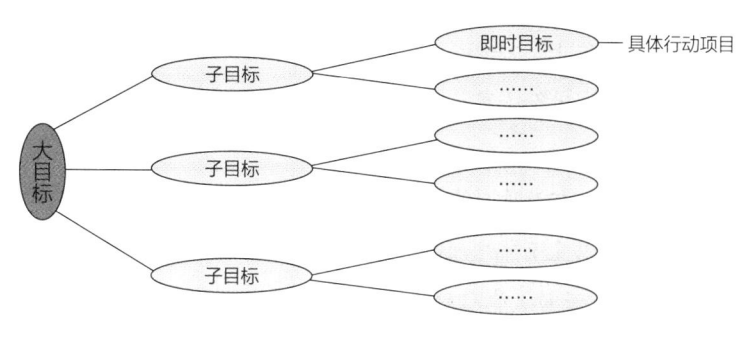

图 1-6 目标分解图

3. 变小的方法："不可能"变为"可能"

宏大目标是方向，它的达成离不开系列小目标的实现，当我们找准方向定下宏大目标后，可以对目标进行分解。

托尔斯泰说过，人要有生活的目标，一辈子的目标、一个阶段的目标、一年的目标、一个月的目标、一个星期的目标、一天的目标、一小时的目标、一分钟的目标，还得为大目标牺牲小目标。

"剥洋葱"法

剥洋葱是一项大家熟知的技能，目标分解就像剥洋葱一样，从大到小，从长期到短期、从远到近，将目标进行分解，直到知道现在该做些什么，如图 1-7 所示。

图 1-7 "剥洋葱"法

目标管理课堂上，一位同学这样陈述了自己的目标："我喜欢创作性的工作，5年内成为一名作家，3年内一篇长篇文章问世，一年内开始着手长篇书稿的写作。"

目标很丰满，有效地细化和分解目标才能保证目标"不流产"。

如果要实现以上目标，首先要进行泛读，每天保证读书4万字，扩展自己的知识面，虽是泛读，学习的内容也要提前进行有效的甄别，要多读"干货"。

每周要写1—2篇读书笔记。每天记日记，即使有时只记一句话，那也是这一天感受的记载与抒发，要时刻记下自己的小感想、小体会，要养成用文字表达思想的习惯。

多进行观察与思考，每周找一个关注点进行深入思考，写一篇练笔，并发送朋友圈及媒体平台进行分享。

每月参加一次类似"拆书帮"的分享活动，分享读书心得，拆解书籍核心观点并为己用。

这位同学的终极目标就是进行创作，在创作的过程中体会到人生价值，她首先为自己定了中长期的目标（5年要成为什么），中期目标（3年达到什么程度）及系列的短期目标和即时目标。从时间角度对目标进行了分解，同时每个时间段的目标做到了明确、具体以及有时间限制。在实施过程中有些可能过易或者过难，这便需要她根据计划对时间进行微调。不过要记住的是目标要刻在石头上，轻易不能动摇自己的目标。

"画大树"法

分解目标还有一种非常美丽且形象的方法，"画大树"法。想象着一颗枝繁叶茂的大树，从树干开始，可以有很多树枝，每根树枝又有若干树杈，树杈上又有很多叶子。若将树干作为大目标，那么树枝就是小目标，是实现大目标的必要条件，叶子代表即时目标，小目标实现之和，一定是大目标的实现，如图1-8所示。

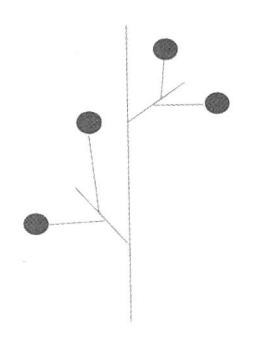

图 1-8　画大树法

"小川叔"秀出了个人的年度目标：阅读方面阅读50本书，并做好分类，如文学类、励志类、工具类、成长类等，每个类别列出5本感兴趣的书名，定出选书标准，每天阅读2小时；写作方面，50篇专栏和一本书，每周一篇专栏，每月写书的一章内容；健康方面，减肥10公斤，增强心肺功能，每天走路1万步，并做成表格形式提醒自己打卡。

如上，我们看出"小川叔"的目标（树干）可以分为三个树枝，如"阅读树枝"，那阅读树枝又分为文学类、励志类、工具类、成长类图书，这些称为"树杈"，这些"树杈"目标的完成离不开"叶子"，如感兴趣的书名、每天阅读的时间、选书的标准，等等。每一类大目标都离不开中目标，中目标的实现通过小目标和即时目标完成。

"剥洋葱"法主要是按照时间进度对目标进行分解，即将目标分为长期、中期及短期目标，具体实践中即为年度目标、季度目标、月目标及周目标，直到即时应该做的事情。"画大树"法与"剥洋葱"法有异曲同工之妙，就是把大目标作为树干分解成中目标作为"树杈"，直到分解成小目标变成"树叶"。

"思维导图"法

思维导图是一种有效的思维模式，常用于记忆、学习和思考，非常有利于人脑的扩散思维。思维导图运用图文并重的技巧，把各级主题关系用相互隶属于相关的层级图表现出来。

通过思维导图来分解目标也是非常有效的方法。通过对目标的上堆（寻找价值观和愿景）、下切（具体方法）、横阔（可能性）进行分解，直至所能执行的第一层。上堆问题，包括达成这些目标能给你带来什么价值？这些目标对你有多重要？下切问题，包括需要做到哪些目标才能实现？之前具备什么能力才能实现？做到这步就可以开始了吗？之前还有付诸哪些行动？横阔问题，少了哪些会对目标影响很大？作出哪些会对实现目标有帮助？还有什么支持、保障和可用的资源能确保目标的实现？如图1-9所示。

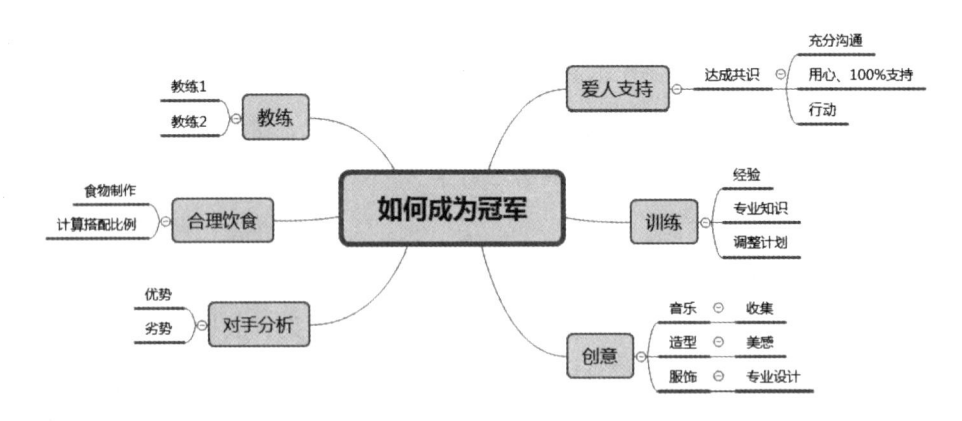

图1-9 "思维导图"法

由上图可以看到，"如何成为冠军"便是主要的核心目标及个人的愿景，然后需要运用教练问题问出"实现目标的必须具备哪些条件"？一般情况下至少保留3个条件，如爱人支持、创意、训练以及教练，等等，都是实现目标应该具备的条件。

再往下分解时，先找出重要条件实现的可能性，比如训练是作为实现冠军这个大目标的重要条件，那可以先找到"训练"这一小目标的可能性，也就是下切问题，直到找到所能执行的第一步，比如总结他人训练的经验。每一层级的目标都要使用"SMART原则"去检验。整理推导出所有目标的具体完成时间，反复推敲核准。最后整理出实现的文字方案。

"思维导图"法是运用图像和网络般的联想，在问题的引导下，激发个人潜在的想象力和联想力，找到各种解决办法和可能性，层层找出核心目标的外层，直到所能执行的第一步，如图1-10所示。

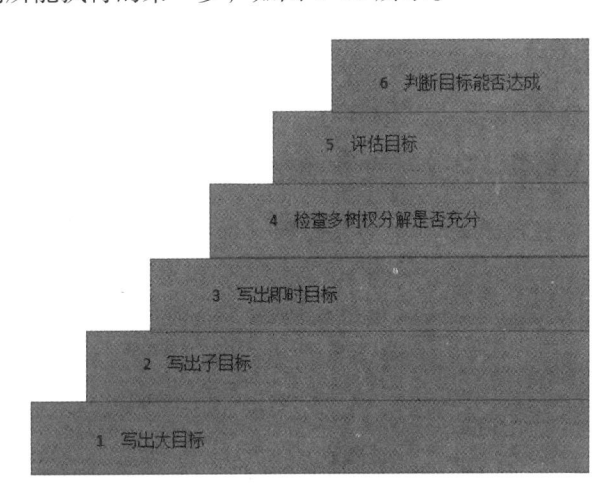

图 1-10 目标分解步骤

不论是上述哪种方法，在分解目标时有三个关键点：

第一，找到达成该目标的条件，并反复核对这些条件是否可以保证目标的达成。

第二，要对目标进行客观的评估。对目标进行分解后，如果单位时间内无法完成"树叶"所显示的任务，表明目标太大，不进行修改，可能不能如期完成。比如一个销售员的目标是两年内成为千万富翁，"剥洋葱"和"画大树"目标分解法显示，他每天要成功拜访300多个客户，这显然单位时间内无法完成该工作量，说明目标太大了。假如，可以轻而易举地完成"树叶"所显示的工作量，表示目标太小，很难发挥出自己的全部能量，也不能调动起自己的积极性，久而久之，还可能产生懈怠的心理。

第三，需要不断修正实现目标的计划。已经确定的目标就不能轻易改变，有句谚语"目标是刻在墙上，而计划写在沙滩上"。遇到外来情况时，可以不断修正的是达成目标的计划，如果修改计划后，依然未能达成目标，或者达成目标的希望比较渺小，那就可以退而求其次，修改达成目标的时间。

"课间"茶歇

"大目标＋小目标"

◎ 写出大目标。

◎ 写出大目标所有必要及充分条件（子目标）。

◎ 写出子目标所有必要及充分条件（即时目标）。

◎ 检查多杈树分解是否充分。

◎ 评估目标。

◎ 判断目标能否达成。

四、搞定这5步，迈向成功路

咏知道了制定目标的具体原则，也明白了目标分解的重要性。接着就要制定新一年的年度目标，这让他感觉像"小型战争"一般！

老师：怎么了？

咏：领导希望我们制定更高的目标，而作为属下却希望低一些好，甚至没有目标会更好啊！

老师：不论组织还是个人没有目标都是很可怕的，我们前面讲过目标的作用啊。

咏说：但是即使我有了目标，也将目标做了分解，可是结果也不怎么样啊。

老师：那到底哪里出了问题？

咏：因为大多数的年度目标都未完成啊。

老师：为什么呢？

咏：因为目标在不断地增大增多。

老师：你认为不合理吗？

咏：是啊，这样做似乎不太人道啊。

老师：好像市场无限大，目标无止境。

咏：老师还是你懂我的心。我们为了达成目标只好不停地增员，但是仍然未见好。

老师：千万不能只"增肥"，而是要能"长肉"。

咏豁然开朗：您的意思是提升员工的能力！

的确，我们了解了很多目标管理的方法和原则，但是无论组织目标还是个人目标，能力是实现目标的最根本的因素。需要清楚地认识到自身完成目标需要的能力水平。两千多年来，认识自我被认为是人的重要行为。个人的自我认知不仅对形成自己的看法有价值，而且对个人职业生涯的成功和满意度也具有决定性意义。

通过识别你自己的行为特征和个性特征，营造最有利于你成长发展的情境，正确评价不同个体的类型和特征，识别并弱化与他人潜在的冲突，这是自我认知。

管理学大师彼得·德鲁克说，"要认识自我，管理自我，前提是管理自我的认知"。自我认知包括：

第一，我的长处是什么？

第二，我做事的方式是什么？

第三，我学习的方式是什么？

第四，我的价值观是什么？

第五，我该贡献什么？

"人贵有自知之明"，人最难战胜的敌人就是自己。一旦正确地认识了自己，知道自己究竟是一个什么样的人，也就不至于在工作和生活中迷失自己。

清晰的自我认知是一切工作生活的始端，从目标设定、管理到实现，需要如下5步：

1. 找到终极目标，获得持续动力

目标的确定需要价值观做引领，抛弃一切限制，说出愿望，想象你想成为的那个人。

每个人的愿望其实是分为三个层次的，也就是说每个人都有三个"我"，"本我"只想着吃喝拉撒，随心所欲；"自我"是满足本我的需求却又得保

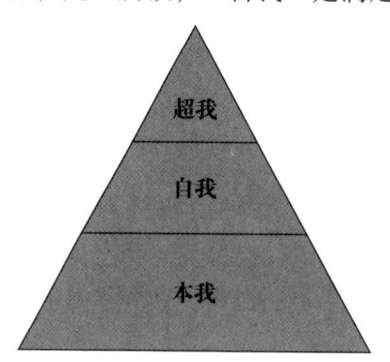

图1-11 "我"的三个层次

护本我不受伤害不受舆论的谴责，自我有时候很虚伪；而超我是自我实现，承担社会责任。这是符合马斯洛的社会需求理论所表达的含义的，如图1-11所示。

从基本的本能需求到社会责任及自我实现的过程中都可以体现出目标，它们的区别是过程目标与终极目标的区别。在完全衣食无忧的基础上确定你最想的事情，或者你希望最终的结果是怎样？这就是你的终极目标。

课堂上，老师也会请学员制定个人成长目标和小组成长目标，学员更多表达的是我本学期要读几本书；或者我要每周健身一次；或者我每天写1000字的日记，仅有少数人真正的知道自己想要什么。英国散文家托马斯·卡莱尔说："世界上最不幸的人要数那些说不清自己究竟想做什么的人，他们在这个世界上找不到适合他们干的事情，简直不知向着哪个方向奋斗。"

很多梦想在一开始看似不可能实现，之后看起来很荒谬，但当我们下定决心时，它们很快会变成必然。超人的扮演者克里斯托夫说："既然我们能征服外太空，我们也一定能征服内心的空间。"

目标的确定往往是"我想做的、我能做的、我必须做的"三者的结合。将实现目标后能够得到的所有好处列个清单，所列的好处越多，愿望将会越强烈。若只找到一两个理由，那实现的动力则相对有限。

2. 定位优势，规避劣势

在制定目标前确定自身起点、认清自身优势和劣势。想一想自己的不足之处和不擅长的事情，把它们写下来。

课堂互动环节老师问学员的优势是什么？学员有些觉得自己的劣势比较突出，老师便说，如果我跟你做一笔交易，我给你一颗神奇药丸，它可以消除你的劣势，但是副作用是你的优势也会消失，你会吃这颗药丸吗？很多人的回答都是"不"。其实每个人的潜能是无限大的，显露出来的只是冰山一角，每一个人都需要挖掘自己的潜在优势。

> **画外音**
>
> 优势和劣势，有时候是硬币的两面。想定位优势规避劣势，确实不容易。

如何评判自身优势？"回馈分析"法提供了一种评判的角度：在做一件事情之前先进行思考，分析记录你对这件事的预期，完成事情后，将事情所达到的程度（结果）与对其的预期进行比较，你就会发现哪些事情是你擅长的，你可以做好，什么事情是你不擅长的，是你做不好的。通过这种简单的方法，在相当短的时间内（也许在两三年内），人们就可以发现自己的优势所在。

将个人最大的优势列出来，然后思考："如何将这种优势变得无可替代，没有人可以取代，这就是你的特别之处。"通过"回馈分析"法还可以了解到哪些工作是你不具有优势和不能涉足的领域，甚至是你不能胜任的。通常我们需要认清优势并利用它，并找到方法确保它不会妨碍你实现目标。注意，劣势更多的时候是用来避免而不是补强。

课堂冲击波

"回馈分析"法：先进行思考，分析记录你的预期，完成事情后，将结果与预期进行比较。
使用目的：发现你擅长的事情。

劣势有时候也是一种约束因素，也就是说一个人与他要实现的目标之间存在着一种约束，或者说限制因素，这一因素决定了一个人能够多么快地实现目标。就像开车的人经常体会到的，每每遇到交通管制，车辆会集中到一个车道，造成车辆阻塞，这个阻塞就是约束因素，它将决定你要花多长时间到达目的地。无论是大或小、远或近、长或短、即时或者终极的目标的实现过程中，约束因素总是存在的，而你要穿越它，准确地找到约束因素，然后集中精力克服。

应付约束因素、快速前进，离不开能力的提升，包括最基本的知识和技能。"啃老族"我们都知道，但大家知道职场上的"啃老族"吗？他们是指个人工作后不仅将知识还给老师了，而且从来没有对自己的知识技能更新过。这与信息化社会的发展是相背离的。

知识是成功的原材料，要获得从未获得的成功，要做之前从未做过的事情，要成为一个与之前完全不同的人，要超越自己实现自我迭代，必须掌握从未学过的新知识和新技能。实现目标的过程是伴随着学习的，不管你有什么样的目标，你都要知道你需要学习什么并努力学会。

要不断地去找到可以给你帮助的人。早一点儿规划人脉网络，可以累积你的"人脉存折"，无论是通过熟人介绍、参与社团还是参加培训、参加各类活动等，处处留心皆人脉，一人成木、二人成林、三人成森林。学会运用好身边的资源。

3. 用PDCA循环获得持续动力

拿破仑说："为你的愿望制订明确的计划，并且马上开始，无论你是否准备好了，都要将计划付诸实践。"现实中很多人都有这种想法：计划赶不上变化，走一步算一步吧。实际上凡事预则立，不预则废，不为明天做准备的人永远不会有未来。有些人一直处在反复计划的状态中，有些人有非常多的计划，以至于他们忘记了哪一个是真正的计划。只是坐在那里设想将会发生的愿景是不够的。到处乱跑、无头苍蝇般地采取行动也无法实现目标。

> **课堂冲击波**
>
> **实现目标的四个步骤**
>
> 第一步，目标分解法：将目标分解，并设定时限及方法。
> 第二步，观察进展，评估，反馈。
> 第三步，设定自我奖励和处罚措施，建立自我监督机制。
> 第四步，从外部约束实现习惯的养成训练。

影片《肖申克的救赎》涵盖全篇的主题是"希望"，讲述了主人公安迪被误判入狱，到最后获得重生的故事，反映了目标实现过程中希望的力量以及坚持不懈的价值。每天用他的鹤嘴锄挖洞以实现他的逃跑计划。每天执行一点计划，能让你对目标的实现产生更大的信念，无论每一步有多大，只要朝着目标前进，信念就会建立。

新媒体时代，让人与人之间的距离成为了零。在各种平台上，每到过年、开学、毕业季，甚至每月或者季节更替的时刻，总是能看到各式各样的立志——读书学习背单词、减肥健身长腹肌、工作旅行谈恋爱……甚至还有人立志从此不刷朋友圈。有人将朋友圈立志看作为新时代的承诺方式，请朋友圈的朋友监督并共同体验小目标实现的乐趣，这样做一是实现了公众承诺，二是建立了监督机制，因为谁也不愿意做个言而无信的人。

一起来看一下，某班级小组的学习成长计划（学期为单位）：

■ 保证课堂的出勤率。中心要求每门课至少达到60%的出勤率，我们小组要求尽量达到80%的出勤率。
■ 积极参与课堂的互动讨论。要求小组中的同学每节课达到80%的轮流参与率。
■ 养成良好的阅读习惯。争取每月2本书，书目自选，小组内部可随时交流，每2周互相报一下进度，每1个月进行一次集中交流的读书分享会。
■ 对自己进行每天15—30分钟的要求并进行记录，重视白纸黑字的重要性，时刻提醒自己。
■ 回顾该学习计划的时间为1个月后。

从上面材料我们可以分析得出，该小组从出勤、课堂参与、读书、写作等方面进行计划和安排，并规定每个月进行一次回顾总结。这是进行计划管理的第一步，也是很重要的一步。

最近看过一篇文章，题目是"我是如何成功做到从制订计划到最终放弃的？"可能大家都有过类似的经历，周末的中午等待很久的午休时间终于来临了，大家知道这天是不用上班的，可是由于年底要有两篇文章的初稿要交出来，因此给自己制定了午休一小时后起来写文稿。闹钟如约吵醒了你，你是否挣扎着从温暖的被窝里爬出来伏案写作呢？好多人都会经历思想的斗争，起来吧，算了，再躺一会儿、那就躺十分钟吧……犹犹豫豫中时间一去不再复返，一下午的时间过去了。为何计划总是完不成？

> **画外音**
> 成功制订计划，成功放弃计划，你们怎么这么了解我？

我们在做计划时，也就是距离完成这件事还很遥远时，我们运用的是"why"思维，我们思考的是为什么要做这件事，做这件事的意义是什么。而随着时间的推进，当我们开始做这件事的时候，我们思考的是what，具体应该如何做这件事，这件事是否有可行性，运用的是"what"思维。这种思考方式是人类的天性，我们无法改变，但是我们可以通过运用 PDCA 等工具，帮助我们完成行动计划。

"PDCA"原则最初的概念来自现代质量管理的奠基者：沃特·阿曼德·休哈特（Walter A. Shewhtar），后来被美国的质量管理专家戴明博士在 1950 年再度挖掘了出来，广泛运用于宣传和产品质量的改善方面，使用这套管理方法进行个人的自我管理，也是相当有用的，如图 1-12 所示。

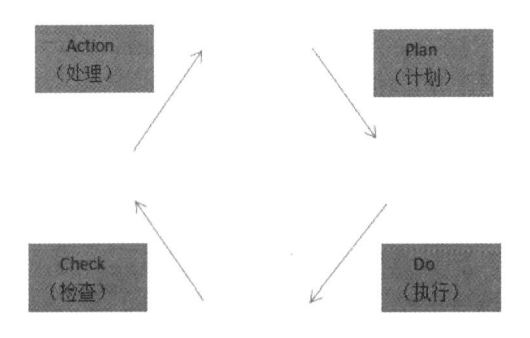

图 1-12　PDCA 循环的 4 个阶段

其基本原则就是，凡事都需要规划，然后执行，执行完了以后需要思考和改进，如图 1-13 所示。

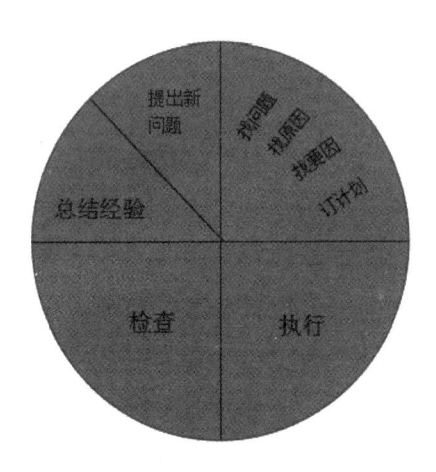

图 1-13　PDCA 循环的 8 个步骤

4. 将目标视觉化

目标视觉化是西方积极心理学中重点谈论的内容。

> **课堂冲击波**
>
> 建立心理景象的目的：开发潜意识、获得超意识，使潜能得到最大的发挥，从而最快地实现目标。

简单地说就是：把目标完成后的情形画出来或者写下来，就像爬一座高山一样，想象着登上山顶的情形及心情。把这种感觉记录下来，放在书桌上，确保每天都能够看到。这样做的目的是将目标实现后的成功感觉，预先视觉化，在脑海里建立一幅明确而具体的心理景象，不断地输入自己的潜意识，调动潜意识的力量，让潜意识来帮你完成目标。

视觉化越具体，重复的次数越多，自己的目标越清晰，对自己的激励作用也就越大，战胜困难的信心就越强。此时潜意识的力量也会引导你所有的行为去配合目标，并且将它实现。

目标视觉化的方法

第一步（自上而下思考）：视觉化目标景象——视觉化目标实现的路径——视觉化各个小目标。

第二步（自下而上行动）：完成各个小目标——坚持完成每一个计划——达到目标。

重视白纸黑字的力量，为自己制定一个目标板，将你想实现的目标写在纸上，或者将你想实现的梦想画出来，图文并茂，贴在一个你容易看到的地方。也可以制作成小卡片随身携带，每天不断提醒自己，朝着目标的方向努力，至少不会迷失自己的方向，不会走弯路！用视觉的力量激发你的潜能，采取大量的行动，奇迹就会发生，梦想就会成真，于潜移默化之中达到你的目标！

目标视觉化的应用

以你期待的工作（某个职位或者领域）为目标，尽你一切可能建立一个清楚的心中景象（包括独立的办公空间，有自己的团队等），把它印在你的心中，并想象你已经达成目标。

在你心中不断地想象这个景象，想象你的目标已经实现了的情景。不断地重复，直到你觉得自己已经非常清楚地知道这个情景（需要具备哪些能力、哪些实现的路径等），这个景象也就深深地印在了你的潜意识当中。立即行动起来，找到并掌握你自己的学习方法和学习策略，把握自己的学习节奏，最终一定会心想事成！

图像比文字更容易理解和记忆，总能给大脑一个更深刻、更具体的内容，更能被大脑记住，很多速记方法都是基于此。

5. 现在就行动

行动的意愿：只坐在那里想将要发生的愿景是不够的，坐着等机遇，躺着喊机遇，睡着梦机遇，这样的人永远也抓不到机遇。机遇就会像漫天星斗，可望而不可即，即使机遇来到身边，他也发现不了，更不用说去捕捉和利用了。有良好的愿望而无行动，终将一事无成。

假如，莲叶上有三只青蛙，其中一只说我要跳下去了，那么睡莲上还有几只青蛙？答案不是二，而是三，因为那只青蛙只是有计划要跳，实际上没有跳。[1]

专注的力量：就是盯住手中的活。我们之所以不能取得成功，很可能就

---

[1] ［英］菲尔·奥莱：《目标感》，林秀兰译，人民邮电出版社2015年版，第118—119页。

是因为忽视了简单的道理：第一个最容易忽视的是从自我出发，想当然地做事；第二个最容易忽视的现象是不专注，不锁定目标，换来换去，一辈子无所成就。高效人士的特点就是分清轻重缓急，然后注意力集中。

美国体育界有句口头禅：Watching the ball——紧盯着球。因为只有紧盯着球，才能确保击球成功，就像狮子进攻羚羊时那种全身心的专注。

回顾和自省：苏格拉底说过，未曾自省过的人生是没有意义的。问问自己，我身上有哪些问题在拖我的后腿，是个性、脾气、能力、所受教育，还是过去的经历？要不断地自省，找差距、找原因、总结回顾。失败也是一种财富——成功者和失败者之间的区别常在于成功者能由错误中获益，并以不同的方式再尝试。

卡耐基——《人性的弱点》的作者，华尔街著名的理财专家，他用来记录每周约会的记录本，周六那页永远是空白的。周六那晚他要独处一室，认真翻阅记录本，回顾会面和会谈，反复找出错误和过失。对目标，每周至少回顾一次。

选择成功：有人可能会问谁会不选择成功呢？生活中这种现象恰恰是存在的，就像温水里的青蛙，只贪图享乐舒服，定位越舒服，职涯越危险。

有一只狗，唉声叹气，另一只狗问它，你是怎么了？它说我坐在钉子上了，很疼，另一只狗问那为何不离开，这只狗说我伤得也没那么重！

这只狗只选择在发牢骚，而没有采取其他措施解决自己的困境。

一渔夫在钓鱼，不一会儿一条大鱼上钩，渔夫看了看，摇了摇头，无奈地将鱼放回海里，接着继续垂钓，他很幸运又钓上来一条，而不知为何又将其放回海里，旁边有个人见了，问他为何这样做，渔夫的回答很出人所料，这条鱼太大了，不适合我家的锅……

渔夫的故事提醒我们要拒绝"平底锅"思维，要多考虑应该做什么，少考虑能够做什么。跳出自己的舒适区,让自己的生活不能只有得过且过的苟且,还要有诗和远方。

"课间"茶歇

目标深化的5步:

◎ 发掘终极目标。

◎ 定位优势、规避劣势。

◎ PDCA循环。

◎ 目标视觉化。

◎ 当下行动的力量。

小练习

1. 你真的有目标吗?

很多人想当然地认为自己是有目标的,其实你是否真的有目标,一测便知。请拿出笔来,在两分钟内填写下面内容:

本年度的主要目标:

本月的主要目标:

2. 我们需要拓展内心对我们能力范围的信念

第一步：写下你认为不可能的梦想，这些梦想可以是关于你的生活、事业。尽可能详尽的描述——不管这些想法看起来是多么的宏大、多么地难以实现。

第二步：描述比边界退后一步的愿景，也就是几乎不可能的目标（有实现的可能），它是对想象的显著扩展。专注于这些愿景的结果：实现愿景意味着什么，会过怎样的生活。

课后朋友圈

目标就像一个标靶，拥有特殊的鞭策能力，可以帮助自己进行自我控制，可以在忙乱中集中注意力，将精力转移到你该做的事情上，可以增强行动力和竞争力，有了目标可以使你全力以赴，不会轻易放弃。

目标分解有三种方法："剥洋葱"法、"画大树"法及"思维导图"法。

在目标制定的过程必须符合"SMARTER"原则。

目标的实现只需要5步：确定目标，找出实现目标的理由；分清自身优势和劣势；制订计划；将目标视觉化；现在就行动。

课后小作业

请用三种变量量化一下目标：

自我管理能力：

Tuesday
星期二 诸事繁杂日
我的时间不够用

实训教练：董竞

课前寄语

一个人越知道时间的价值，越倍觉失时的痛苦！

——但丁

Mon. **Tues.** Wed. Thur. Fri. Sat. Sun.

唱响人生的今日歌——时间管理

针对人群

总是觉得时间不够用，是不能很好地利用时间的人。

课堂逻辑线

认知时间本质——探索时间管理方法——利用时间成就人生。

今日复今日，今日何其少！今日又不为，此事何时了！人生百年几今日，今日不为真可惜！若言姑待明朝至，明朝又有明朝事。为君聊赋今日诗，努力请从今日始。

（文嘉《今日歌》）

明日复明日，明日何其多，我生待明日，万事成蹉跎。世人若被明日累，春去秋来老将至。朝看水东流，暮看日西坠。百年明日能几何，请君听我明日歌。

（钱鹤滩《明日歌》）

《今日歌》和《明日歌》都是古人劝勉珍惜时间的名句，警醒和启迪人们要珍惜时间、珍惜今天。时间是每个人最宝贵的资源，也是分配最公平的资源，能否珍惜和合理利用时间重在自我管理。

现代生活变得越来越忙碌，生活节奏也越来越快，不知从何时开始，我们的生活中充满着越来越多"必须做""应该做"的事情，更别提"我想做"

的事情了，我们总是在忙碌着，总是嚷嚷着"没时间"，却似乎从来没有认真地想过我们的时间都去哪儿了？

场景1：早上九点钟，你和往常一样走进办公室，然后坐在办公桌旁，即将开始一天的工作。毫无疑问，又有一大堆事情在等着你，面对这些事情，你要如何处理？

场景2：公司中，你每一分每一秒都在认真工作，很少有时间进行茶歇和闲聊，可是，等到验收成果的时候，你却突然发现，结果却没有达到预期目标，时间究竟跑到哪里去了呢？

场景3："麦肯锡电梯测试。"你有一个对公司发展比较好的想法，但苦于职级限制无法向总经理直接汇报。突然有一天早晨，你跨进电梯发现总经理就站在里面。在电梯中，你与总经理相处的时间只有一分钟甚至半分钟，你把想法简要向总经理汇报，是否有本事让他在离开电梯之前说，"我对你刚才说的想法比较感兴趣，可以来我办公室坐坐，详细汇报一下。"你要如何"搞定"对方？

……

以上场景经常会在我们的工作、生活中出现，时间要怎样安排？目标要如何保证？三十秒时间，你能表达多少？你要如何破解问题呢？

我们都非常认同，高效的时间管理会让我们掌控工作、掌控自己的生活，但是在现实中，我们又常常视时间如粪土，弃之如敝履，同时却又常说"我没有时间、我很忙"。这种状态确实是很矛盾的一种存在。

现在，你将有机会针对自己的时间管理进行改善。本章将重点回答以下问题：

■ 什么是时间管理的第一步？
■ 目标对时间管理有关系吗？
■ 工作时间表要怎样做才有用？
■ 哪些事件影响到提升工作效率？

明白了上述问题的答案，你的工作状态就会越变越好；你会掌握一些提高时间使用效率的方法；你会找到工作和生活的平衡点；你会在享受工作、生活乐趣的同时，获得你内心的平静和幸福。

"课间"茶歇

◎ 时间是每个人最宝贵的资源，也是分配最公平的资源。

◎ 我们总是在忙碌着，总是嚷嚷着"没时间"，却似乎从来没有认真地想过我们的时间到底都去哪儿了。

◎ 高效的时间管理会让我们掌控工作、掌控自己的生活。

一、认知时间、把握时间

1. 时间的本质

"时间"本是一个物理概念，是物质的运动、变化的持续性、顺序性的表现，是事件从过去到现在并发展到将来的连续。它具有不可再生、不可逆转、不可停滞、不可伸缩、不可替代的特性。

> **画外音**
> 不做无聊之事，何以遣有涯之生？

几个世纪以来，哲学家们也不辞辛劳地定义时间。时间的本质是事件，一切都是独立的事件。（你如何给时间下定义呢？）

本杰明·富兰克林曾说过：你爱自己的生命吗？那么就不要浪费时间，因为时间是构成生命的原料。

那么，一个人在工作和生活中应该怎样对待时间？

2. 时间的感觉

基于时间的特性，以及时代的发展，更多的人意识到时间管理的重要性。

时间管理是指运用合适的方法和技术，帮助你尽可能有效地利用你的时间！

> **画外音**
> 对美女有感觉，对美食有感觉，对美景有感觉，唯独对时间没感觉。

大家有记日记的习惯吗？每天会用几分钟来做反思吗？听说过"手账"吗？

做日记、做时间记录的目的就是清楚地记录下24小时是怎么度过的。通过记录，你会更好地意识到自己是如何利用时间的，你会发现某些地方应该作出调整，有机会找到提高时间使用效率的途径，通过记录，也可以保持你对时间流逝的敏感性。

每个人都有自己对时间的感觉，是紧迫，是无所谓，还是听之任之、随波逐流……

如果你不了解你是如何花费时间的，如果你对时间的流逝没有紧迫感，如果你对时间分配随波逐流，你便没有能力有效地管理你的时间。

3. 对待时间的态度就是你的高度

美国哈佛大学爱德华·班菲德（Edwant Barfield）博士对于美国社会进步动力进行了多年研究，他试图从中找出为什么某些人一代比一代富裕的原因。

经过多年的实验，爱德华博士终于得出了结论：在美国或是在其他的社会中，成功更多取决于人的态度，也就是说，个人对于时间的态度决定了成功与否。

网上曾流传这样一段话：勤奋者，抓紧时间；懒惰者，消磨时间；有志者，珍惜时间；无为者，浪费时间；忠诚者，遵守时间；投机者，等待时间；聪明者，积累时间；愚昧者，忽略时间；求知者，利用时间；无知者，荒度时间；实干者，重视时间；浪荡者，践踏时间；谦虚者，赢得时间；乐观者，赞美时间；悲观者，叹息时间。

人们常说决定一件事情能否办成与三类要素相关：

第一类是态度类要素；

第二类是能力类要素；

第三类是客观要素。

调查发现态度因素是第一核心要素，直接相关关系达 80%，能力因素相关度为 13%，剩余 7% 来源于其他客观因素，如图 2-1 所示。

> **画外音**
>
> 老师，我态度挺好的，为什么还不能成功呢？

所以，态度是时间管理的第一步。

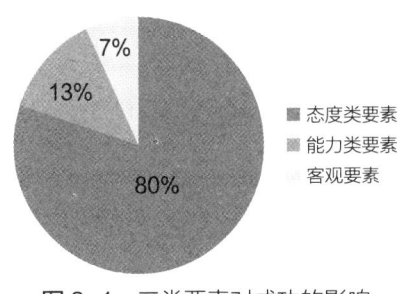

图 2-1　三类要素对成功的影响

4. 目标决定时间的流向

一个人生存在世界上究竟是为什么？一个人要怎样做才能生活得有意义？一个人要用什么样的目标来实现人生的价值？怎样利用时间确保人生目标的实现？

人要有明确的目标，如果没有明确目标，那么这个人自己就不知道该怎么做，别人更是无从下手帮助你。只有自己有了清晰的目标方向，才能转化为自己的有效行动，这就是所谓的"天助自助者"。

"目标管理"的概念最早是由美国管理专家彼得·德鲁克（Peter Drucker）1954年在其名著《管理实践》中提出的，随后又提出"目标管理和自我控制"的主张。德鲁克认为，并不是有了工作才有目标，而是凭借目标才能明确了每个人的工作。有了目标，就会知道自己该何去何从。没有目标，人就会无所适从。

你有宏伟的人生目标吗？根据目标的指引，无论在人生的哪一阶段，都可以指引自我前进的方向。通过设定目标，可以让我们更好地经营现在的时间和生活。

一句话，只有确定了目标，我们才能决定应该如何安排时间。这就是目标和时间相互的内在关联。

"课间"茶歇

◎ 我们要保持对时间流逝的敏感性。

◎ 对待时间的态度是进行时间管理的第一步。

◎ 只有当确定了目标时，我们才能决定应该如何安排时间。

二、做好时间管理的"八大绝招"

时间管理理论的"4.0 时代"

时间管理是指为了实现个人或组织的既定目标，借助事先规划和运用一定的技巧、方法与工具来实现对时间的灵活管理和有效运用。

时间管理的目的：（1）合理规划时间；（2）有效地进行时间管理，找对方法；（3）创造时间，提高时间使用效率。

从时间管理的研究历史看，时间管理理论分为四代：

> **画外音**
> 4.0时代逆天啊，彻底颠覆了前三代时间管理的理念。

第一代：着重利用便条与备忘录，在忙碌中调配时间与精力。

第二代：强调计划行事与日程表，时间管理已开始关注规划未来的重要。

第三代：讲求优先顺序，依据轻重缓急设定短、中、长期目标，再逐日确定实现目标的计划，将有限的时间、精力加以分配，争取最高的效率。

第四代：从根本上否定了"时间管理"这个名词，强调关键不在于时间管理，而在于个人管理。与其着重于时间与事务的安排，不如把重心放在维持产出与产能的平衡上。

人们对时间管理的研究，也是随着客观环境、时代发展的变化而不断进化的，从强调便条、备忘录的使用到系统性的日程表，从讲究优先顺序到强调自我管理、精力管理。任何理论都是在一定条件下产生的，对于时间管理的实践也是一直在发展进行中。

时间管理，说起来简单，做起来其实也不难。只要我们掌握应用时间管理的工具和方法，时间管理的效果就会有180°的大转变。做好时间管理可参考以下八大绝招。

绝招1：举起"计划行动"的"魔力棒"

卓越时间管理的本质就是凡事有序。

相信计划行动的魔力，每天早晨起床，三问自己：

（1）今天（明天）我想要完成哪些工作？

（2）哪项事情最重要？

（3）我预计用多长时间完成这些工作？

> **课堂冲击波**
> 列清单、排顺序、做预测、重执行、要反思。

早上刚刚起来，头脑比较清醒，如果在这个时候进行思考，会帮助你把一整天的工作安排得更加有序。当你有了一天中比较清晰的目标时，就可以按照计划一点点把事情做好，也能保证你不被意外的事情打断工作和思路。

晚上也可以进行思考。这时，忙完了一天的工作，大脑会从紧张中放松下来，也非常适合安排第二天的工作，第二天到公司时，因为有了深入地思考，精神状态会很不一样，也能尽早投入工作。

所以，每天早晨和晚上都适合进行思考。

不相信魔力吗？那就试试看，只需要对以上问题作几分钟的思考，就会让你的一天很充实！

绝招2：让"任务清单"解放大脑

> **课堂冲击波**
> 时间管理的秘诀不是"眉毛胡子一把抓"，而是做那些具有生产力的事。

美国总统是一个对时间管理要求极高的工作职位，工作量不仅巨大，而且高速又复杂。如果没有恰当的时间管理清单的话，很难想象总统的生活会是怎么样。以奥巴马的工作清单为例：每天9点半前开始正式办公；9点半到下午4点半，奥巴马要参与各种主题会议，从全球经济到军事情报，从外交政策到联邦活动，每一项工作都由专人精心安排；下午18点或18点半，正式工作时间结束。晚上20点半到深夜，是处理各类重要的电子邮件与电话。

管理时间的秘诀是永远都做那些最具有生产力的事情。使用"任务清单""日程表"等方法虽然有些老土，但确实是进行时间规划管理的必要工具。

在时间管理中，有一条定律叫"帕金森定律"，该定律显示，**人始终会根据任务的最终完成期限来调整工作速度。**

使用"任务清单"会带给你三个意想不到的礼物：第一，可以对要做的事情一目了然，通过比较，很容易发现最重要的事情；第二，放松我们的大脑，让大脑得到片刻的休息，而不是一直处于紧绷的状态；第三，减少失误，便于复核。

爱嘉，时间管理训练班成员之一，工作任务是教务管理。平时工作的性质是沟通多、细活多、头绪多。曾经有一段时间，爱嘉患上了失眠症，夜里睡不着，白天又犯困，尤其是遇到学校开学季和毕业季。晚上夜深了，人的身体虽然躺在床上，但是大脑细胞却还处于兴奋状态，不停地、忍不住地在想第二天要做的事情。

如果你和爱嘉一样也有过同样的困扰，那么，请不要害怕，从制作"任务清单"开始吧，在制作过程中，你需要格外注意：

（1）要估算每完成一件事情大概需要的时间；

（2）留出一定的弹性空间；

（3）果断地作出正确的取舍；

（4）对清单的实施效果进行反思。

> **课堂冲击波**
>
> 所有事项都可以荣登"任务清单"吗？不是！
> 第一要看重要性；
> 第二要看紧急性；
> 第三要预估完成时间。

也许有了"任务清单"的帮助，你的时间管理就会焕然一新了，但请不要骄傲，唯有那些拥有毅力与耐心的人才会成为时间管理的大赢家，半途而废者永远也品尝不到胜利和甜蜜。

绝招3："四象限"法则搞定优先顺序

我们每天要面临的任务很多，工作、学习、生活、娱乐等等。24小时怎么能够？但事实是，不论你是否接受，每个人一天都只有 24 小时。在这 24 小时中，所有任务间就不能是并列关系，而是先后关系。对于职场人士，工作毫无疑问会占用大部分时间；对于需要照顾孩子的妈妈们，家庭就是最重要的，她们必须要分配出更多的时间照顾孩子和家人；对于仍在求学中的年轻人，学业和自我成长就是目标，时间是应该用来提升和实现自我价值的。所以说，为了提高我们的幸福感受，保证所有的行动都有动力，不纠结、不拧巴，我们要从自己的价值观出发来选择最重要的事情。

"四象限"法则是著名管理学家柯维提出的，他认为可以把各种任务按照重要和紧急两个维度来划分成为四个象限，即：**紧急又重要、重要但不紧急、紧急但不重要、既不紧急也不重要**，如图2-2所示。

重要任务是指对你的目标达成具有贡献的任务。

紧急任务是指你或别人认为需要立刻处理的任务。

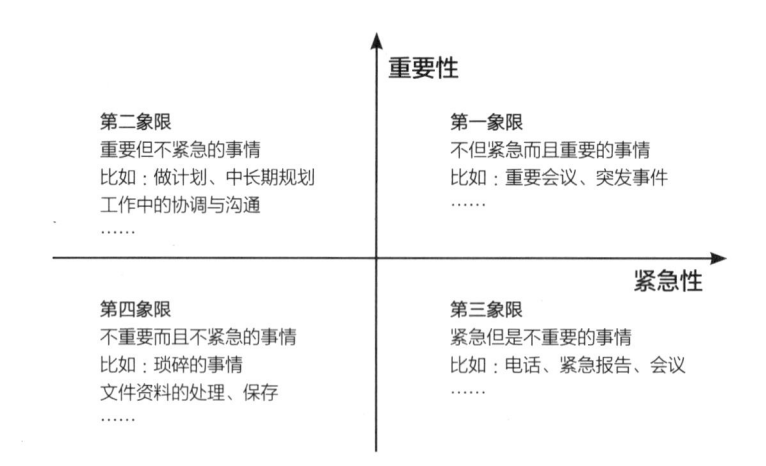

	重要性	
第二象限 重要但不紧急的事情 比如：做计划、中长期规划 工作中的协调与沟通 ……		**第一象限** 不但紧急而且重要的事情 比如：重要会议、突发事件 ……
第四象限 不重要而且不紧急的事情 比如：琐碎的事情 文件资料的处理、保存 ……		**第三象限** 紧急但是不重要的事情 比如：电话、紧急报告、会议 ……
		紧急性

图 2-2 时间管理四象限图

"四象限"优先原则：

（1）重要又紧急的事：当天做，越快越好，不能等待、拖延；

（2）重要但不紧急的事：纳入计划中，安排时间做；

（3）不重要但紧急的事：常规工作，视情况而定是否马上做；

（4）不紧急也不重要的事：事务性工作，最后做；

在安排任务时，也还要了解自己每天工作时段的特性，如表2-1所示。

> **画外音**
> 貌似，这第二象限和第三象限是我的误区。曾经以为，只要是紧急的工作，都该优先考虑。

表2-1　　　　　　　　常规工作时段特性与工作任务建议表

早上	中午（1点—2点）	下午	晚上
精力充沛、自信、有冲劲	思考迟钝、适合放松	冷静、沟通	放松、思考
处理重要紧急任务、执行计划	适当午休、沟通与协调	思考问题	总结一天工作；思考第二天计划；休息

找到属于自己的方法

当然，对于所有这些确定优先次序的方式，都是说起来容易做起来难，有时紧急的胜过重要的，有时领导交办的是最重要的。不过没有关系，你只需记住，在进行优先次序排列的时候，你不能让那些琐碎的人物或项目来干扰你的注意力和精力。

绝招4：打败拖延症

时间管理的大敌之一，就是拖延。很多人都有良好的愿望，希望总有一天要去做些什么，但"总有一天"却从未变成今天。这些人让他们的生命在拖延中悄悄流逝了。

人们为什么会拖延呢？主要原因有：（1）懒惰的习惯；（2）自信心不足；（3）逃避困难和责任；（4）缺乏毅力；（5）犹豫不决；（6）太在乎完美。

战胜拖延，我们可以这么做：

将大项目分成易管理、易完成的小项目　在面对大项目、大任务的时候，很多人会有恐惧感，会感到无能为力，这很正常，通过把项目分解成小块，或者通过向前迈一小步，那座高山也会变得矮一些，也会减轻我们的心理负担。

限定时间　在任务完成之前或时间用完之前不许停止工作。限定时间就是要营造尽快做完任务的紧迫感，刺激推动你尽快开始行动起来。

自律练习　懒惰存在于人的肌肉里，只有通过一些有效的方法练习自律，你就会建立起精神的肌肉，让你在想放弃的时刻继续前行。

现实中有一些比较有效的方法可以供你借鉴：

如果你想停下工作，可以告诉自己再坚持10分钟，过了想放弃的那个门槛，就锻炼了肌肉；

在你觉得自己思想不集中的时候，先要搞清楚你能够持续工作的时间有多长，在下一次工作的时候，一定要坚持多做10%—20%。

评估当前你的自律能力如何，然后以该结果为基础，再小幅提高一下。

用奖励的方法培养积极的习惯　任务每完成一步，就犒劳一下自己。方式可以很简单，开心就好。比如，在忙碌的工作间隙，眺望一下远方、呼吸一下新鲜空气、冥想15分钟、做做简单的瑜伽动作等等。类似的小奖励不仅可以犒劳自己，也可以使自己在忙碌中获得片刻的精神自由。

拒绝完美主义　完美，听起来就压力山大。自我严格要求是好事，但要适度。很显然，没有人可以一次就把事情做到极致，只有通过不断地修正和完善，才能接近完美。职场工作可以有不同的衡量标准，做到—做好—到位—完美—极致，我们不妨先把做到位定为首期目标，逐步完善。

一旦我们认识到了拖延，了解了拖延的原因，就有了打败拖延的机会。

以上方法照着做，应该会带给你一些指导。这很重要，因为如果只一味地想，不去行动，就永远没有机会。从长远来看，随时分享打败拖延的方法并减少拖延的影响，对于每个人都至关重要。

"课间"茶歇

◎ 从举起"计划行动"的魔力棒开始，一起发现时间管理的秘密。

◎ "任务清单"可以解放大脑，减轻大脑负荷。

◎ 想要进行时间管理，就要尝试在使用"四象限"法则中学习。

◎ 相信自己，拖延一点也不可怕。

绝招5：用好习惯带来高绩效

流程化

美国《浮华世界》杂志专访了时任美国总统奥巴马。采访中，记者不断问奥巴马一个问题："如果未来一个月，你将卸下总统的职务，由我来担任总统，你要教我如何做总统？"奥巴马第二次回答时，说了一段有趣的话："你有没有发现我穿的衬衫不是灰色就是蓝色，这样我就不用每次还得烦恼要穿哪一件。我不想花时间去思考每天要吃什么或者穿什么，因为还有其他太多的决策要思考。"

这种**将例行公事常规化**的做法，也是做好时间管理的方法之一。对于一些不重要的工作和例行工作，不如设定固定的工作流程和模式，不需要花时

> **课堂冲击波**
>
> 例行工作常规化，就是用流程和习惯来减少思考的时间，将一些行为变成下意识动作。

间思考，这么做虽然很无聊，但却可以省下更多的时间。

修炼超级整理术

白雪是个性格外向、大大咧咧的女孩子，以前在学校的时候，自己的宿舍就经常是乱七八糟的，找本书都很困难。到了工作时，每天都是干不完的工作，但即使这样，白雪乱放东西的习惯更是变本加厉。每次工作之前，她都要先从大堆文件里找出自己需要的，然后埋头处理，处理完了，就把它随意塞进文件夹里，然后再去扒拉下一堆文件，开始下一个待处理项目……

结果怎么样呢？一天下来，白雪也不知道自己究竟做完了哪些工作，都放在哪里了。渐渐地，白雪觉得吃力了，每天都需要加班才能完成当天的工作任务，周末还得抽出时间来处理紧急的文件和工作。

我们经常会忽视对工作环境的清洁整理。即使办公桌上文件堆积如山，电脑屏幕桌面已经眼花缭乱，也依旧埋头于工作中，而不会先去整理清洁。所以，常常浪费时间找文件不说，在"文件山"中寻找自己需要的文件也还需要花费很大的力气和时间，如此一来，工作效率如何提高？

资料物品归类，做好标记，保持办公桌面整洁有序是职场中人专业化、规范化的第一基础。已批示的文件一定要转交出去，不留在自己手里过夜；暂时没有用的文件要及时存入档案柜，决不能杂乱地堆在眼前；需要处理的文件，要列入任务清单，对待办的任务目的清楚明了；确定不用的文件，要及时清理，不再占据空间；对于办公桌的其他安排，日常需要的表格、文件应该转转椅子就可以轻易得到；对于一些重要却不经常使用的文件，要放进文件柜；对于好几年前的文件，要进行扫描，电子版存档；对于不属于自己工作范围的文件，要转手给合适的人员；对于电脑里的文件，该存档存档，该丢弃丢弃，只打开正在处理的文件；对于电话，要唾手可得；对于垃圾，要及时清除……

整理自己的办公桌,同时也是一个整理心情的过程。面对干净有序的桌面、梳理清晰的工作安排,我们紧张的心情也会得到短暂的舒缓,心情愉快的结束今天,信心满怀地开始明天,工作质量和效率岂不是蹭蹭提高?

绝招6:培养专注力

图2-3是一张在网络上传播较为广泛的照片。它真实地反映了"你"的状态。我们总是充满仪式感地想要开始读书,但很可惜,往往我们总被各种信息占领着专注力。如果缺乏专注力,就意味着目标无限期地拖延。

图2-3 专注力的流失

我们需要一次只做一件事情,走路的时候走路,吃饭的时候吃饭,高度集中精力直到工作完成。

培养专注力,可以这样做:

养成早起的习惯 人生的改变,就是伴随着清晨的闹铃开始。南怀瑾先生说过:能控制早晨的人,方可控制人生。如果一个人连早起都无法做到,那你还指望他这一天做些什么呢?研究表明,早起者头脑更灵活,能比较快速地投入注意力要求较高的工作和学习中,工作效率更高。

排除干扰、减少分心 比如，我们可以适时将手机调成静音、远离互联网无聊网页、关闭电子邮件提示、将电子产品移除视线外等等。你可能会觉得自己能同时处理多项任务，自己能行，但实际上，每个人的大脑如果在不同任务之间切换的时候，都要关闭和重启，这样做的效率很低。

按照自己的时间表做事，而不是顺应别人的时间表 你能控制好自己的时间、工作节奏，就越能专注于有效地工作，就越能主宰自己的一生。如果别人的打扰确实影响到了你，你可以抽出时间，开诚布公地与他们见见面或者电话沟通一下，当然，这么做可一定要深思哦。

> **画外音**
> 哪有自己的时间表，都是领导的时间表！难道，这就是我总是忙乱的原因？

绝招7：碎片时间点石成金

许多人会抱怨，生活时间全部被整体分割了，完全没有整块时间坐下来沉静学习。其实，只要有时间意识，零散时间也是大有作为的。

想想我们有哪些零散时间？

通勤、排队、等待是比较集中的零散时间。

粗略算一下，比如在北上广深一线城市，一天中，通勤时间至少要60分钟，排队暂算30分钟，各种等待暂算30分钟，这样一天下来，至少会有180分钟的碎片化时间。一天180分钟，一年可就是65700分钟，如果这些碎片时间都能够利用起来，由此带来的变化将不容小觑。

另外，从学习知识的角度讲，现在很多图书、杂志、讲座、知识APP都已音频化，在零散时间都是可以听的，按照正常速度，一分钟可以听200个字，10分钟就能够听一篇短文了。

场景1：通勤时间

推荐：利用各种APP学习或冥想

现在各种学习APP层出不穷，开设的课程也是丰富多彩。通勤时间里，根据自我职业规划或兴趣爱好，可随时进行课程收听。和那些在途中只会看傻白甜电视剧、刷朋友圈的伙伴们相比，我们就会收获至少一节课时间的见识。

场景2：在排队或者等待的时候
推荐：阅读

阅读的种类可以很多，可以是书、也可以是微信公众号上的好文章。通常，一个人每分钟能够阅读300—500字，这样在排队的30分钟里，就可以阅读9000到1.2万字，大概是10—12篇文章，一年就是3000—4000篇文章，这样的信息量怎么能不促使你有一个很大的提高呢。

场景3：下班约会时等待
推荐：随心情而动

看自己喜欢的节目，带给自己轻松、愉悦的心情。

场景4：外出出差中等待
推荐：处理工作

在车站或机场集中收发邮件，浏览设计方案、为出差目的做充足准备等等，总之要学会并掌握好移动办公的技术，哪里都可以是办公室。

综合以上场景，在利用零散时间方面，需要注意的是将整体时间分配计划与零散时间结合起来。比如，在谋划写作方面，需要有整块时间浏览文献，也需要零散时间利用自媒体，扩大文献来源，休息时，可以对文献内容、对写作框架进行思考，待到正式写作时，就可以达到结构成型、思路顺畅了。

绝招8：积极应对时间浪费

电话干扰

面对电话干扰，我们可以使用一些有效利用打电话时间的小技巧：

迅速接听电话。办公电话最好是在响四声内就接听；

及时表明身份让来电者知道。只说一声"喂"是不够的，最好要说明自己的姓名和所在的部门；

做到批量处理接、打电话。在工作时间内挤出一段时间，专门接听和回复电话；

电话中减少寒暄内容，直奔主题，长话短说。简短的话语能够节约彼此的时间，当你打电话或者接电话的时候，最好先想想要讲什么，记住讲重点就好了；

记录电话内容。接听电话时，手边要准备好纸和笔，要把电话内容和要点及时地记录下来，回复它、保存它。

当然，干扰不仅仅是电话，还有访客、家里孩子等等。如果你有孩子，干扰就很难排除，这时候我们只能多在孩子们睡觉的时候处理任务，比如清晨或深夜。对于不速之客，我们可以在日程中预留一定的会客时间、遇到客人快速起身，避免过多地闲聊等。

开会

根据有关统计，平均每个高级主管把20%—60%的时间用于会议上。很多主管也认为用于参加会议的时间有一半是浪费的。

要改善浪费开会时间的这种情况，首先，要做的就是取消一些没有任何意义的会议；其次，要做好会前准备，尤其是会议议程、会议主题、会议讨论的内容要点、会议要达到的目标、会议时间、会议角色分配；最后，做好会议的总结与跟踪。

会议结束时,尤其是主持人,要在会上明确,会议达成结果的明确任务分配、期限。同时,要有专人负责跟踪会议结果的落实。

意外情况出现

总有人对我说:"我的工作任务变化性太强,每天所规划好的事物老是被不同的事情打扰到。"是的,这是事实,意外情况常常会毫无征兆的发生。

各种意外的性质不同,应对方法也不同。工作中,领导的指令为大,如果是领导交办的,要和领导明确任务性质、完成时间;如果是由别人影响的,要预估到影响结果。总之,意外发生是常态,平和心理是重点。我们不能被各种临时任务牵着走,要自己学会掌控临时任务。

面对意外突发事件,我们必须先确认该任务是否可以延后处理。这样,我们才能将每天的工作时间都花在刀刃上,才能保证将每天首先要完成并且必须完成的工作解决完毕。

对于必须马上处理的意外情况,我们也不能慌张,要先了解是否提前有预案?是否已经多方了解、弄清真相?是否已经三思而行,用笔记录,仍保持冷静清醒的头脑?

社交和闲谈

社交和闲谈不一定都是坏事。每个人都有思路卡壳或是一时不在状态的时候,在这时,社交和闲谈就可以上场了。只要记住,一旦开始闲谈,就要随时提醒自己控制时间,还有待完成的工作。

选择困难症、纠结

80%的事情如果要第一时间作出决定,那就相信自己的直觉。

去还是不去的时候,去;

买还是不买的时候，不要买；

说还是不说的时候，不要说；

给还是不给的时候，给；

吃还是不吃的时候，不吃。

总之，如果你看看那些高效人士的日常活动，你可能会觉得有些无趣，但这就是提高时间使用效率的秘诀，无趣也是一种方法，可以帮助你腾出时间，高效率地展开任务。

以上是时间管理的"八个绝招"，相信在实践中对读者会有所帮助。诚然，我们还不是超人，理想和现实之间也是会有差距，我们的表现也不总是完美，不过没有关系，重要的是我们一直在努力缩小差距。

"课间"茶歇

◎ 好习惯可以带来高绩效。

◎ 专注的力量很强大。

◎ 碎片、零散时间可以积少成多、积沙成塔。

◎ 应对时间浪费，行动最重要。

三、走好人生的"平衡木"

> 在世界上我们只活一次，所以应该爱惜光阴。必须过真实的生活，过有价值的生活。
>
> ——巴甫洛夫

时间对我们每个人都是公平的，一天 24 小时，一年 8760 小时。爱因斯坦曾经说："人的差异在于业余时间。业余时间生产着人才，也生产着懒汉、酒鬼、牌迷、赌徒。"由此，能否充分利用好业务时间，不仅使工作业绩有别，也区分出高低优劣的人生。我们又是社会人，离不开必要的休闲、娱乐、亲情和友情。如何来平衡呢？

1. 改变对工作的态度

在我们的身边，可能会有这样的人：他们只是满足于混日子，过一天算一天，对自己也完全没有任何计划，对工作也是敷衍了事，没有积极的工作态度，他们却没有意识到这是在挥霍自己宝贵的时间。

如果没有一个正确的态度，又何谈时间管理和高效率工作呢？

可见培养自身积极的工作态度非常重要。我们可以通过探索工作中的乐趣，为自己接受一些更有挑战性的任务，还有通过把一些枯燥无味的工作和挑战性工作一起来做，等等，来让自己的工作充满乐趣。

2. 整理私人生活

一个人日常生活中的琐事、各种承诺以及维持私人关系都会消耗一定的时间，这些事情中，有些值得去做，有些则是毫无价值的，如果可以从这些没有太大价值的事情中解脱出来，毫无疑问，你会获得更多可支配的时间。

3. 正确对待工作与休闲

不要让工作完全占据你的生活，但也不能一味地休闲放松。放松不是放纵，而是养精蓄锐，是为了以一种更快的速度实现目标。

4. 常回家看看

海伦·凯勒曾说："把活着的每一天看作生命的最后一天。"工作是我们生活中很重要的部分，但是家人是我们生活中更主要的部分。激烈的竞争、工作的压力、生活的重负似乎剥夺了我们与家人在一起享受生活的权利，我们总是以工作忙、很难抽出时间为借口，失去了陪伴家人的机会，这样的状态需要改变。我们要与家人更好地相处，适时地表达对他们的关心，体贴对方的感受，记得每一个重要的节日。

星期二 诸事繁杂日
Tuesday 我的时间不够用

课后朋友圈

时间管理的质量，取决于态度，也取决于目标。

掌握计划行动的魔力、使用任务清单、确立正确的优先顺序、战胜拖延症、养成好习惯、凭借专注心、点石成金碎片时间、积极应对时间浪费等方法，你就会享受到时间管理的乐趣。

课后小作业

1. 你在时间管理上最大的坏习惯是什么？

2. 上学的时候，在考试前，老师常常教我们，先做容易的、简单的题目，将复杂的、难度大的题目留到最后做，以免浪费时间。这个方法在工作中也可行吗？为什么？

Wednesday
星期三 靡靡日
周末还远
情绪患病

实训教练：高妍春

课前寄语

情商就是管理情绪的能力。

——丹尼尔·戈尔曼

Mon. Tues. **Wed.** Thur. Fri. Sat. Sun.

星期三 靡靡日
Wednesday 周末还远
情绪患病

医治情绪重感冒——情绪管理

针对人群

希望自己可以成为情绪的主人。

课堂逻辑线

情绪是什么——情绪是什么样——我的情绪——别人的情绪——团队的情绪。

咏是一个部门的科长，他对自己和他人的情绪几乎一无所知。他工作没有激情，面对员工总是一张苦瓜脸，更别谈让员工产生对工作的兴趣。他完全不理解为何大家都讨厌自己，当拿到单位进行的匿名民主测评结果时，他几乎要晕倒，分值低不说，相关的文字描述也让他抓狂，直逼其人格品质，令他十分挠头。他常常对某个问题反应过激，并用最无效的方法去处理包含情绪的事件。他没有感召力、没有包容心，员工不会给他任何支持，他的存在只能制造恐惧和焦虑的组织氛围，可以说，咏的情商很低。

著名的情商研究专家丹尼尔·戈尔曼（Daniel Goleman）认为，情商是一个人各项素质的综合体现，这些素质包括自我认知、自我控制，以及对他人情绪的理解和觉察。

戈尔曼认为，在取得成功的过程中，情商比智商可能发挥更大、更重要的作用，对于高层来说更是如此。跨文化的研究表明，即使文化背景不同，情商的作用仍然不可替代。澳大利亚的一项研究表明，高情商与工作的成功有

> **课堂冲击波**
>
> 在取得成功的过程中，情商比智商可能发挥更大的、更重要的作用，对于高层管理者来说更是如此。

着密切的关系。情商能够提升员工与其他团队成员的合作能力。这也证实了美国学者的一项研究，他们认为高情商的员工更有积极性。总之，了解自己情绪以及善于读懂他人情绪的人在工作上会更出色，这种能力也称为情绪智力。

戈尔曼在其著作中引用了耶鲁大学的心理学家彼得·萨洛威（Peter Salovey）的思想，他认为**情绪智力分为5种能力：认识自身情绪、妥善管理自身情绪、自我激励、认识他人的情绪、人际关系管理**，如图3-1所示。

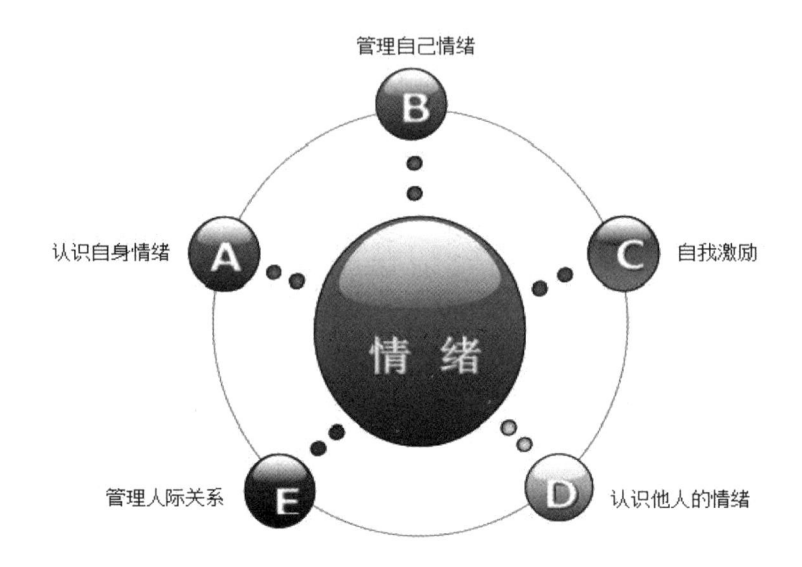

图 3-1 情绪智力

高情商的人理解他们自己的感受（自我认知），会敏感地捕捉到其他人的情绪（同理心），自愿帮助他人（社会责任感），客观看待事物而不是主观臆想（事实导向），主动与人交往并对他人的利益表示关心（社会取向），以及能够很好地管理他们自身沮丧或愤怒的情绪（冲动控制）。

一、认识情绪

情绪是人的一种亲身体验，在日常生活中屡见不鲜，它也是一种心理活动，它使人有时候快乐和满足，又使人经常遭受苦恼和折磨。情绪是一种多成分、多维量、多水平的整合复合过程，情绪的每一次发生都融合着生理和心理、本能和习得、自然和社会诸因素的交叠。

1. 消极情绪有"毒"！

"布雷迪的猴子"是一个著名的心理学实验，将两只活泼的猴子分别绑在一张电椅上，并给与它们电击。电流是每20秒激发一次。猴子不能忍受电击，不断地挣扎吼叫。但是作为灵长类的动物，其中一只猴子很快发现了椅子上的压杆，并发现每次在电流袭来之前压一下压杆，就可不被电击；而另一只猴子发现它的电椅上没有压杆。这样第一只猴子就负责压杆，由于需要估算电击的时间，因此它特别紧张。因为两只猴子是否被电击完全由它控制。第一只猴子需要负起艰巨的责任；第二只猴子因为很无奈所以它相对来说无忧无虑。

大家可以猜猜哪只猴子先死了？

答案是：第一只猴子先死去了。第二只猴子毫无办法，只好听天由命。第一只猴子在实验时，总是不断地焦虑、不断地紧张、不断地恐惧，诸如此类都属于消极的情绪状态，如果不能很好地表达，将会影响生物机体。也就是我们有情绪反应时身体内部会产生生理的变化。

画外音
可怜的猴子！这真是个残忍的实验。

情绪影响我们的身体健康。美国生理学家艾尔玛做过一个实验，收集了人在积极情绪状态和消极情绪状态下呼出的气体，将这些气体收集在玻璃试管中，冷却后变成水，令人惊异的是：积极情绪状态和消极情绪状态，呼出的气体冷却成水后，水是不一样的，积极状态下水是清澈透明的，消极状态下水中是有白色沉淀的；将消极情绪状态下的水注射到大白鼠身上，大白鼠很快就死亡。人在生气时生理反应非常强烈，同时会分泌出有毒的物质，消极情绪长期存在，而又不能表达和发泄时，情绪压力就会损害健康。

情绪在组织中的作用也很明显，了解情绪可以提高我们在人员选拔、团队管理、协调沟通、谈判决策等方面的解释能力和预测能力。

2. 智商越高越恐惧？

《中国式关系》里陈建斌扮演的马国梁，在飞机上与马伊琍扮演的"海归"建筑师江一楠初次相逢，飞机碰到气流颠簸，"海归族"本能的将手放在了邻座的"中国式"手上，"中国式"马主任说，飞机遇到气流是正常情况，不用紧张，是不常出门吧？"海归族"说，恐惧是人类遇到危险时的正常反应，智商越高越恐惧，跟出不出门没有关系！

> **画外音**
> 马主任故意的，满满的都是套路！

文中的马主任或许是装作不知，故意搭讪，把恐惧与是否常出门联系在一起，江设计师关于智商与恐惧是成正相关的论证也是无可考证的。

如何解释这种本能的紧张的反应？

众所周知，智商是智力的商数，包括短期记忆力、语言能力及推理能力，第一次听说智商越高越容易恐惧。那么：恐惧到底是什么？如何产生的？恐惧是一种基本情绪，它跟其他情绪一样，是生物本能面对压力和环境所产生的心理状态，表现为心跳加快、呼吸急促等生理特征。与恐惧是同样地位的还有快乐、悲伤、愤怒。

> **画外音**
> 终于为我平常的担心害怕找到理由了！他们的存在多么合理。

《头脑特工队》中，主人公莱莉脑中住着"乐乐"（Joy）——活泼，"忧忧"（sadness）——忧郁消沉，"怒怒"（anger）——脾气火爆，"怕怕"（fear）——胆小怕事，"厌厌"（disgust）——厌恶和反感，这些头脑特工陪伴着莱莉成长，塑造着她的个性。

这部电影通过精致的编排和戏剧性的展现，让我们加深了关于人类情绪的解释和理解，让我们了解了我们为什么忧伤，如看到感动的电视场景，眼泪会夺眶而出；让我们了解为什么会恐惧，如即使是电影中缠绕在树木上的蛇也会令我们有心惊胆战的感觉；让我们了解了遭到不公正的对待，为什么会愤怒，便怒气翻腾地咬紧了牙关……

我们的头脑中不存在这样五颜六色的"头脑特工"，更别提功能华丽的控制台，我们所面临的情况很复杂，远比头脑特工所经历的复杂得多。

美国心理学家詹姆斯提出，情绪是对身体变化的知觉，情绪体验是身体变化引起的，先有机体的生理变化，然后才有情绪。丹麦心理学家卡尔·兰格（Carl Lange）提出了相似的情绪理论，因此有了著名的"詹姆斯—兰格"理论。也是最早期的情绪理论。

《中国式关系》里的"海归族"首先紧张起来（手已经放在邻座的手上），然后才体会到恐惧，可以总结为：飞机颠簸——心跳加速——恐惧。

概括为：事件——生理变化 & 行为——情绪感受

后来又有一些心理学家对情绪进行进一步研究，对早期的情绪理论提出质疑，认为情绪的产生离不开个体的认知和评价，美国心理学家阿诺德认为：情绪是正向还是负向不是刺激情境决定，关键在于对刺激的评估。情绪产生的基本过程是刺激情境—评估—情绪。在刺激情境相同的情况下，每人都会有不同的评估认知结果，因而会出现或者消极或者积极的情绪反应。可总结为：刺激情境—评估—情绪。他强调评估的作用，即在同样情境下，若个体认知评估不同，可能会产生不同的情绪体验。

> **课堂冲击波**
>
> 刺激情景并不直接决定情绪的性质，从刺激出现到情绪的产生要经过对刺激的估量和评价。

举个例子吧，你走在林荫小路上正在悠闲地散步，突然身边跑过来一只皮毛光滑，颜值极高的小狗，这时候如果你将它定义为一条善良的导盲犬拉布拉多，你非但没有产生恐惧的情绪，反而会有拥抱它的冲动；相反，如果你的个人历史中有过被狗恐吓或者咬伤的经验，可能会产生一种战逃反应，以确保自身安全，即使超萌的小狗也不能阻挡你对它的负性评价。

3. 揭开情绪的面纱

讲到这里，大家应该对情绪有一定的了解了吧？接下来让我们共同揭开情绪的面纱：

情绪是人类体验的外在表现，其含义主要反映在认知评估、生理反应、感受、表达及行为倾向。情绪是由刺激情境引发，情绪是可变的，并且情绪是主观的。

人类的情绪是非常丰富、千变万化的，远远超过乐、忧、怒、怕、厌这五种情绪，当朋友给你递来一杯水，你刚要喝的时候发现里面有一只小飞虫，

> **画外音**
> 情绪=情感+感觉？

在那一刻，你的感受是什么样的？可以想象，既不是喜悦、恐惧，也不是愤怒、悲伤或厌恶，而是惊讶。从生物学角度来看，"情绪"包括情感和感觉：一是特异性的物理感受，常被称作"情感"；二是有意识性的感觉，常简称为"感觉"。人类前额叶部分的大脑新皮层决定我们的感觉产生，而情感是人类大脑新皮层之下的结构负责处理产生，是无意识的一种生理反应。

4. 各情绪生来平等

情绪从理论上讲是"生来平等"的，可当我们面对各种情绪时还是会不自觉地将其分类，并表现出喜好偏向，比如我们常用的祝福语，"笑口常开"，希望每个人都无忧无虑的活着，这就很明显地将欢乐放在了首位。每个人在心中已习惯将情绪分成三六九等：开心当然好啦，失望就不太想要，惊喜挺棒的，哀愁就算了吧。

情绪有积极情绪和消极情绪之分，诸如喜悦和快乐属于积极情绪，我们

往往趋之若鹜；然而生活中不仅只有积极情绪，更多的时候会出现悲伤、愤怒、恐惧、厌恶等消极情绪，我们通常的做法是全力逃离。在人类的生活中，我们离不开各种情绪，在有些时候，消极情绪的存在反而有利于人的生存。

有实验者做过很多关于情绪的实验。一般情况下都是在实验的仪器上呈现不同的"情绪面孔"，以便发现人们的行为规律。

研究发现，积极的情绪面孔通常被认为是"无威胁刺激"，这些无威胁刺激会让我们仅仅注意到"面孔"或者"这个人本身"。消极的情绪面孔如"恐惧或者愤怒"常常作为"威胁刺激"，这些"威胁刺激"会使我们变得更加谨慎和紧张，我们会立刻环顾四周，以便了解我们个人是否威胁到别人或者自己身边存在威胁因素。

> **课堂冲击波**
>
> 悲伤情绪也有重要作用：悲伤情绪可以更好地提供共情的能力，这恰恰是提升团队凝聚力所需的。

同时研究发现，人们对"威胁刺激"（恐惧和愤怒）和"非威胁刺激"（快乐和愉快）的识别速度是不同的，对于前者识别的速度比较快、而对于后者识别的速度比较慢。这说明了如果人们可以迅速地发现环境中的威胁，那么人们将会作出"战斗或者逃跑"的反应以保护自己的生命。

如果你和小伙伴们在森林中探险，这时一头饥饿的狮子从远处跑过来，有一位小伙伴看到了，如果你能够很快地读懂他恐惧的表情，并作出"战或逃"的反应，那么相对于其他没有读懂恐惧表情的同伴，你存活下来的可能性比较大。又如，甲乙两个人看到一只怪兽朝自己跑来，依照他们的速度，怪兽肯定会追上他们，这时候甲依然拼命地跑，乙说："别跑了，我们肯定没命了"。甲依然不放弃，说："只要我比你跑得快就行。"快速识别并行动是人类重要的生存技能。

上述提到的五个"头脑特工"，作为积极的"头脑特工"被称作领袖，人人都认为消极的"头脑特工"作用没有那么大，但是经历了一系列事情之后，作为领袖的"乐乐"最终明白，"忧忧"其实也是很重要的，一些情境下悲伤情绪可以更好地提高共情的能力，而这恰恰是提升团队凝聚力最需要的。

消极情绪所引起的生理波动比积极情绪所引起的生理波动更强，在各类言情电视剧中，男主角从各方面让女主角愤怒和生气，可最终结果却出人意料，女主角会爱上男主角。这里的原因便是消极情绪的作用，让每一位体验者会印象更深刻。现实生活中有些人往往会觉得为何只有自己有消极情绪，沮丧、忧愁、愤怒的时间还是挺多的，为何别人都看上去那么平和、放松？

研究表明很多情况下大多数人都倾向于低估他人的消极情绪体验，因为消极体验与积极情绪相比更倾向于私底下发生，并且更倾向于隐藏消极情绪。

每一种情绪的唯一性不容置疑，我们个人的成长经历、所学知识以及即刻的身体状态都可能影响情绪的产生和变化，这些都是我们作为"独特个体"存在的主要原因。我们的每一次情绪的体验都受到了个人以往经历的影响，也必然会影响今后的情绪的产生。

"课间"茶歇

◎ 情绪智力分为5种能力：认识情绪的能力、管理情绪的能力、进行自我激励的能力，认识他人的情绪的能力、人际关系的管理能力。

◎ 情绪产生的三步骤为：刺激情境—评估—情绪；其中"如何评估"是决定情绪类型的关键。

◎ 各种情绪生来平等，我们要正确看待消极情绪对人的影响。

二、体察情绪

人类与地球上其他物种的两大显著区别是具有强大的意识和丰富的情绪。人们总希望自己的"意识"可以更强大一些,而不总是冰山一角,这样可以更聪明;而对于情绪的态度呢?便是见仁见智了,有人认识到情绪的重要性,觉得情绪是必须存在的,对每一种情绪都欣然接受。有人不理解情绪,觉得情绪的存在为生活增添了很多麻烦,情绪一旦产生会影响工作成效,产生众多失误。大部分人并没有有意识地认知情绪,就像对待呼吸、消化等身体其他机能一样,也没有理解情绪是可以调节的,自己也可以成为情绪的主人。

1. 情绪如影随形

认知心理学家认为情绪是由以下三种成分组成的:生理变化、有意识的体验和认知的成分(对外界的评价)。情绪会伴随着人的一生,无论是情绪的产生、发展还是消亡,个人都是几乎无能为力的。比如,面对仇家,我们只能"怒从心头起,恶向胆边生"。面对爱人,我们只会"衣带渐宽终不悔,为伊消得人憔悴"。

因此,面对着不断变化的现实环境,人人都清楚理性的价值,但是我们在处理事情时往往无法足够理性,头脑一热就把事情给办了。很多时候我们都是情绪的奴隶。

乘坐公共交通时被踩了脚而咆哮不止的悍妇、同学聚会上因为失恋而黯然伤神的朋友、工作中自己付出了很多却被别人抢功的愤怒中的同事……这些情况下难道大家不希望选择成为优雅、大度、理性的人吗?难道他们真的愿意歇斯底里而被人鄙视?真的愿意为消失的奶酪而憔悴?现实情况是他们做不了自己的主,只好让情绪来当家。

也许在跟情绪的对抗中,人们一直从来都没有获胜过,于是干脆"破罐子破摔",心甘情愿地做

> **画外音**
>
> 情绪的奴隶?好吧,我承认,虽然我经常挣扎,但难逃它的手心……

了情绪的奴隶。久而久之，不跟着情绪走，反而感觉无所适从了，转而开始对它追逐和依恋。

2. 情绪吃定了你vs你掌控了情绪

很久之前有一位老婆婆，她有两个儿子，都做买卖，只是卖不同的东西。大儿子卖雨伞，小儿子卖布鞋。每到下雨天，老婆婆便很发愁："哎！下雨了，我小儿子如何去卖掉他的布鞋呀！"而当天气晴朗太阳高照时，老婆婆依旧很发愁，说："哎！这样的艳阳天，大儿子的伞如何卖得出去啊！"就这样，老婆婆天天愁眉苦脸、茶饭不思、夜不能寐。村子里的亲朋好友见她一天天衰弱下去，便跟她说："老婆婆，你可真有福啊！下雨天，大家都去买你大儿子的雨伞，他卖得特别好；天一晴，你小儿子布鞋特别抢手。好羡慕你啊，无论天晴还是下雨，您两个儿子都有生意做。"老婆婆想了想，是这么回事！从此以后，老婆婆整天乐呵呵，不再发愁了。

通过这个故事我们思考一下，老婆婆的情绪前后发生了什么变化？产生变化的原因是什么？老婆婆从愁眉苦脸到整天乐呵呵，本质上是老婆婆个人对两个儿子生意认知评价上发生了变化，这也是影响情绪的主要因素。

大家都在春运期间购买过火车票，买票时排队现象司空见惯。如果历经几个小时的排队终于看到了一丝希望，这时，有一个人毫不客气地站到你的面前，你肯定会火冒三丈，甚至会冲他一顿痛骂——这是可以理解的，因为人类大脑有两套系统：一个是情感系统；另一个是理性系统。信息往往很快地传达到情感脑并作出反应，因此你作出了"发火"的反应。结果是插队者灰溜溜地跑了，周围的人对你投来赞许的目光。

> **课堂冲击波**
>
> 刺激情境—认知评估—情绪
> 可见，情绪的幕后主使是认知。

按照认知评估理论，情绪的产生先是有刺激因素，引起当事人的认知评估，继而产生相应的情绪，即刺激情境—认知评估—情绪。这个故事中的刺激情境是：有人插队，认知评估结果是：

插队是错误的，因而产生的情绪是：愤怒，行为表现是：肌肉紧张，脑部充血，身体前倾，横眉立目。反馈：插队者败退，旁观者夸赞。同时，如果插队的人是自己的上级领导，这个时候我们的认知会有360度大转弯，不会认为领导的插队是错误的，更不会出现后面的一系列行为。

由此我们可以看到，真正的幕后主使是个人的认知，或者说是个人的固有观念，是我们的想法，信念决定我们产生什么样的情绪。像杯子里半杯水的故事一样，有人认为快渴死了，却只有半杯水，而有人认为，太好了，还有半杯水呢。引发事件相同，但情绪反应不同，是想法不同所导致的。同一件事可有不同的思考角度：积极正向的思考可使我们产生积极的情绪；消极负向的思考则会使我们产生消极的情绪。日常中我们需要有意识地去分析为何会愤怒、烦恼，是如何思考这件事情的？如果换个角度会怎样？好多时候，转换思考的角度就会豁然开朗。

> **画外音**
>
> 哥哥说"玫瑰花上有刺"，弟弟说"刺上有玫瑰"。我也想有弟弟的想法，但这样的想法如何才能产生呢？

3. "情绪ABC"理论

美国心理学家埃利斯提出了著名的"情绪ABC"理论，认为刺激事件A（activating event）是引发情绪和行为后果C（consequence）的一个间接的因素，而引起C的直接原因则是个体对刺激事件A的认知和评价而产生的信念B（belief），情绪和行为后果C（consequence）是个体对它不正确的认知和评价所产生的错误信念（B）所直接引起。错误信念也称为非理性信念。

情绪的困扰往往是由于不合理信念导致的。

> **课堂冲击波**
>
> "情绪ABC"理论：刺激不是导致情绪的元凶，而是信念。

依据"情绪ABC"理论，每个人几乎无法避免不合理观念：绝对化要求，例如，"我必须拿到冠军""所有人必须认可我"等。过分概括化，例如有些平常学习很好的高中生在参加高考时没有达到录取分数线，不自觉地就处于悲伤中，认为自己没有存在的价值、一无是处、糟糕至极；"参加研究生会竞选没竞选成功，认为自己很无能"、"我这次竞聘又失败了，从此没有机会了"。诸如此类都属于不合理观念，因为任何事情都可能出现更坏的结果。拥有不合理观念的人在真正遇到百分之百糟糕的事时，就会陷入不良的情绪体验之中，从而一蹶不振。当日常生活中发现存在一些"绝对化要求""过分概括化"和"糟糕至极"等不合理想法时，就要有意识地用合理观念取而代之。

认知行为学专家通过研究，发现人的心理结构分为三部分，即认知系统、情感系统、行为系统。认知是我们对某件事或者某个对象的评价，比如，有的人认为"男人在社会中的贡献更大一些"；情感是人对客观事物是否满足自己的需要而产生的态度体验，如喜、怒、悲、恐、爱、憎等；行为是日常生活中所表现出的活动。这三个系统相互影响、相互制约，共同决定人的生活是否幸福。

"课间"茶歇

◎ 情绪是由以下3种成分组成的：生理变化、有意识的体验和认知的成分（对外界的评价）。

◎ 情绪它会伴随着人的一生，情绪不受人的控制。

◎ 我们的想法、信念决定我们产生什么样的情绪。

◎ "绝对化要求""过分概括化"和"糟糕至极"，这些不合理的观念会导致我们的情绪困扰。

三、表达情绪

1. 你今天"踢猫"了吗？

心理学上有一个著名的情景剧是"你今天'踢猫'了吗？"故事是这样的：

一位500强企业的副总，早上由于家里的事出门晚了，为了上班不迟到，在去单位的路上不小心闯了红灯，他很清楚交通法规，不仅会被扣分，还要罚款，所以心情很糟糕，一时难以平复。早会上看到团队任务完成的进度慢了很多，便将部门经理狠狠地批评了，并当着全体成员的面明确表示，如果完不成任务，立即走人。部门经理回到办公室严厉地指出了项目主管的失误，这个时候大家都垂头丧气，心情很不爽。项目主管回到办公室，看到秘书不小心将机密材料弄到地上，把从部门经理那里得来的火全撒在女秘书身上。女秘书整天都非常窝火，一直到下班，女秘书的男朋友开开心心地来接她，刚要来一个拥抱，只见女秘书不分青红皂白给男朋友一顿骂，自己打个出租车就走了。这位男朋友不知怎么了就挨了一顿骂，走在路上越走越不知将心里的火儿向谁发？正好看见路边上有一只猫，压抑的一团火终于有了释放，一脚把猫踢死了！这种因泄愤而产生的连锁效应叫作"踢猫"效应。

> **画外音**
> 到底是"好奇害死猫"，还是"生气踢死猫"？

> **课堂冲击波**
> "踢猫"效应：情绪是可以传染的，如果不适时切断感染源，会激发更大的矛盾。

当然了，这只是"踢猫"的一个版本，但是与其他版本传递的道理是一样的，这则故事表明，情绪是可以传染的，同时也是在提醒职场或者生活中的每一位，是否理性地处理了坏情绪。每个人都是"踢猫"效应长长链条上的一个环节，许多人受到批评之后，往往不是静下心来想原因，而是心里感觉极其不爽，千方百计来找周围的人发泄怒气，但这不仅于事无补，反而容易激发更大的矛盾。

2. "情绪堵塞"

从另一个角度分析发现"踢猫"现象产生根本的原因在于"情绪堵塞"了。情绪应该表达而又没有表达出来的状况，称为"情绪堵塞"。我们生活在社会中，不论是否意识到，我们与同事、亲人、朋友，甚至陌生人每时每刻都在发生着千丝万缕的联系，这些联系每天都在发生并不断循环。当你的目标没有达成时，当你因不小心失误而被免职时，当你的家庭不和睦时，当你过了而立之年依然没有成家时……如果不善于调节，心中有苦口难开，或言不由衷，就容易导致"情绪堵塞"。如果这种情绪长时间得不到宣泄，容易导致心理的不健康和行为的异常。

情绪如果没有得到合理的宣泄和表达，将严重影响人的生理机能。据相关统计发现，目前人类疾病的种类达到70万种，而可以找出病因的只有3000多种，其余的均是与心理相关。

3. 情绪管理"红绿灯"

如何解决"情绪堵塞"，避免工作生活中的"踢猫"效应出现呢？

情绪管理"红绿灯"，是一种综合处理情绪的方法，具体方式如下：

第一步：红灯——停止行动、觉察情绪；

第二步：黄灯——1.冷静下来，想想是什么事情；2.用"我觉得"表达自己的情绪（区别"你觉得"和"我觉得"，"我"第一人称表达我的情绪）；3.谈谈自己的想法；4.评估想法是否理性；5.找一个理性想法；6.想一个可行的方法；

第三步：绿灯——行动。将可行的方法付诸行动，解决问题。

一对男女朋友约会见面，这个男孩又

课堂冲击波

"救猫行动五部曲"：
- 觉察情绪；
- 表达情绪；
- 分析情绪；
- 评估想法；
- 诉诸在行动。

迟到了，每一次女孩见到他都要大骂一次，可是这种方法依然没有解决男孩迟到的习惯。女孩每次都愤怒地说："你为什么每次都迟到，是否考虑到我的感受？"听到女孩的指责时，男孩也会产生消极情绪，就像刺猬一样，只顾忙着防御外来可能对自己的"伤害"，无法从女孩的角度思考这个问题，面对女孩的指责，他的反应可能是：路上塞车嘛！有什么办法，你以为我不想准时吗？如此一来，两人开始吵架，别提什么愉快的约会了。

这个时候我们可以这样表达：第一步：停下来，认识到自己已经很愤怒了。第二步描述令自己觉得困扰、不安的行为。必须注意的是：只能描述行为本身，不要指责当事人。例如："你已经迟到了10分钟了。"陈述自己对该行为所带来的后果的感受。例如："我很不高兴。"陈述后果。例如："我好担心你在路上发生意外。""我觉得你对我不上心。"第三步：可以共同商定好的策略或者约定其他地点时间，解决迟到的问题。

"课间"茶歇

◎ "踢猫"现象在生活中很常见，是没有适当处理负性情绪的表现。

◎ "情绪堵塞"：就是情绪应该表达而又没有表达出来的状况。

◎ 亮起"情绪红绿灯"，疏通"情绪堵塞"。

四、识别与管理他人情绪

能够理解他人的各种感受,并且能"设身处地"、快速地进行直觉判断,可以称为识别他人的情绪。在日常的沟通交往中,通过对对方的语言、语调、语气、表情、手势和姿势的判断来识别他人的真实性情绪。

1. 培养共情

一方面,指通过关注他人,提高自己对他人情绪反应的敏感度;另一方面,以倾听为前提,并准确地表达出自己的理解,学会倾听,通过提问,确认问题,表达理解和关心。可以通过观察非言语的信息,如表情、目光、站姿、语气、语速等增加对他人的理解。知道如何表达共情,比如用"你感觉……"来表达对人情感的理解;用"你想说的是……"表达对人意图的理解;用"我知道这你很关注……"表达对对方情感与意图的尊重;用"你需要我帮什么忙吗?"表达对对方的关心。

> **画外音**
> 这样的表达,听起来不错哟!

2. 在合适的时机表达情绪

积极情绪包括喜欢、欣赏、称赞、感激等。

有社交焦虑的人常羞于向人表达自己的喜欢和欣赏,并把称赞别人当作是奉承。当你对别人的称赞发自内心,别人就会由衷地快乐。

比如关于"感激"的表达:我们往往认为别人帮助了我们,我们心里知道即可,不一定非要说出来。可是如果你不表达,别人会觉得你没有感恩之心。

消极情绪包括:不满、生气、失望、愤怒等。

对于别人的消极情绪是否应该克制?我们总是认为,不论在团队中还是家庭中,如果有不满、愤怒等消极情绪产生时,不能表现出来,这样会影响人际关系,必须加以克制和掩饰才行。其实当遇到矛盾和冲突时要在适当的时机选择适当的方法释放自己的消极情绪。

3. 共享苦与乐

有句话说，一个快乐说出去会成为两个快乐，一个痛苦说出来会成为半个痛苦。我们要学会分享、倾诉，在这一点上是有性别差异的，男性较女性更不喜欢分享和倾诉，男性认为倾诉烦恼等负面信息会让人反感。

敢于让人分担你的痛苦，正是自信和他信的表现，自信自己能解决问题，相信别人能理解自己并支持自己。此外，人人都会有苦恼，甚至痛苦，这使人得以理解并感受他人的痛苦，并在必要时伸出自己的援手。

人只会反感那些只会倾诉而不采取任何建设性行动的人。对不可逆的事件我们的确要能够忍受，但对情绪则不能忍，否则积累到一定时候，就会产生很大的破坏作用。坏情绪就像垃圾，积攒多了，人就会受不了。

当然，垃圾不可以随便倒，坏情绪也不可以随便说，只要你选对了人、时间以及表达方法，你就可以以富有建设性的方式宣泄你的消极情绪，从而使你的形象变得更丰满和真实。

"课间"茶歇

◎ 培养"共情"。

◎ 恰当地表达自己的情绪，而不是忍着。

◎ 表达情绪的根本原则是：对事不对人，就事论事，实事求是。

◎ 共享快乐，共担苦恼。

五、工作中的情绪

工作中几乎每天都会发生正面和负面事件，每个人经受积极情绪和消极情绪的能力不同，作为员工必须适应这些事件，因为这些事件会影响自己的心情和情绪。

1."情感事件"理论

当工作中的事件是正面的，而且目标得以达成时，员工会体验到积极情绪，反之则会体验到消极情绪。那情绪是如何影响我们的工作绩效和满意度呢？"情感事件"理论（Affective Events Theory，简称AET）证明，员工会对工作中发生的事情产生情绪反应，进而，这些情绪反应又影响到他们的工作绩效和满意度。[1]

该理论指出，情绪是对工作环境中的事件的反应。工作环境包括任务的多样性、工作的自主性、工作要求以及情绪劳动的要求等。这些工作环境有些令人兴奋、有些令人烦恼，也有些二者兼有，如图3-2所示。

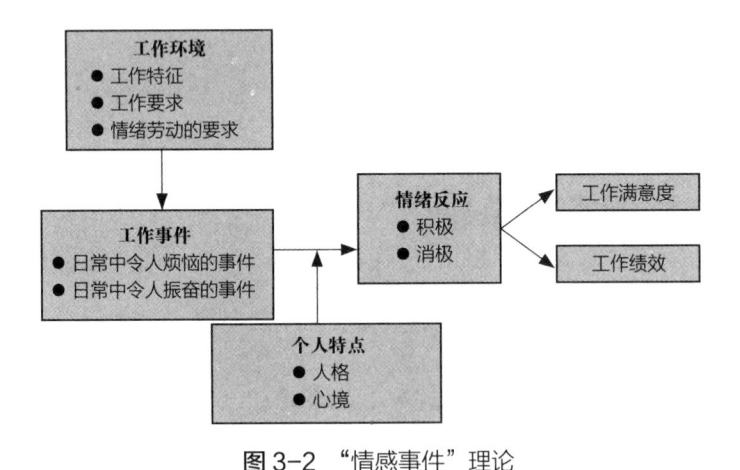

图3-2 "情感事件"理论

---

[1] [美]斯蒂芬·P.罗宾斯、蒂莫西·A.贾奇：《组织行为学》（第14版），孙健敏、李原、黄小勇译，中国人民大学出版社2012年版，第93页。

令人烦恼的事件包括：员工对工作安排不满意、不同部门间的协调不畅、临时性任务过多造成的压力。令人振奋的事情包括：达成目标、受到领导认可和支持。

> **课堂冲击波**
>
> **工作情绪**：对工作环境中的事件的反应。

这些工作事件会使我们产生积极的或者消极的情绪反应。每个人的人格等个性特征决定了我们对这些事件的反应程度——是非常强烈或者不太激烈。例如，低情绪稳定性的人更有可能对消极事件反应强烈。

电视剧《欢乐颂》里的美女高管安迪，在就职的第一次公司全体会议上，驳回了市场总监关于"目前公司市场份额大但是利润率低最根本的原因是低价竞争"这一说法，并告知市场总监若不能提出更好的策略来提高公司的利润率将面临辞退处理。

如果你就是这位市场总监，那么这件事会让你情绪消极，因为在上有老下有小的年纪，你害怕失去这份工作及收入。因为你忧心忡忡，被问题困扰，所以这件事会增加你的不安全感。

当与上司沟通顺畅的时候就会觉得工作不会有问题；当感觉自己无能为力时，又会觉得大难临头，产生沮丧和焦虑的心情。这些情绪波动无法使你安心工作，降低了工作的满意度和绩效。

"情感事件"理论告诉我们，情绪对于我们理解员工的行为有极其重要的价值，同时员工和管理人员不能忽视情绪及其引发的事件，即使看上去微不足道，但是他们会聚少成多。

2. 团队情绪："房间里的大象"和"地毯下的蛇"

团队也有情绪，就像"房间里的大象"和"地毯下的蛇"，不论大小，都不容忽视。

团队不同于团体，更与团伙有本质区别。团队是什么？三个特征必须具备：**拥有共同目标、团队成员合作互补、互相依赖并彼此积极影响**。在这里，团队成员可以被认可，可以有归属感；在这里，团队成员渴望有所作为，渴望对团队作出贡献；在这里，团队成员有很大的自主性，可以提出很好的创新观点并得以实践。在这里，团队成员能够从工作中获得乐趣和意义，可以快乐地工作。

课堂冲击波

团队动力：团队与个人之间的动力交互作用。我们每个人都是团队动力的一个因素。

社会心理学创始人库特·勒温提出了"团体动力"的概念，**团体中各种潜在的动力是交互作用的，团体对个体有吸引力并且影响个体行为**。通过对团队角色、规范、关系、归属、影响等的研究，分析了团队成员的特性，团队成员如同一只只"刺猬"，要让"刺猬"们（团队成员）在一起相拥而舞（也就是说组织是否可以健康运作），与团队的正向动力和积极情绪是分不开的。既要看团队成员的个人主观体验是否是积极的、正能量的，也要看团队成员的相互关系是否可以互相帮助、互相砥砺。每一个成员如"刺猬"一样保持相应的距离融入团队是很重要的。若没有实现这些，团队中容易弥漫着"乌烟瘴气"，那就需要警惕了。诸如：

（1）领导多次强调的事情，下属仍然无动于衷，没有作出任何的行动和改变；

画外音

这些状况，我们团队多少都存在，看来问题多多啊。

（2）团队成员扮作"鸵鸟"，对任何问题视而不见，事不关己，高高挂起；

（3）上司一意孤行，未曾理睬团队成员的建议，表面上维护了自己的权威；

（4）团队成员角色模糊、互相推诿，推卸责任、逃避、抱怨，或者组成小团伙一致对外；

（5）团队工作效率低下、眼界狭隘，不顾全大局，忙于私利而忽略团队任务；

（6）团体思维出现，团队成员不愿意质疑彼此的观点，过分追求意见的一致或者无论团队决策如何，都倾向于将决策合理化；

（7）团队成员一会儿觉得自己所处的组织是好的，一切都可以接受；一会儿又觉得团队中的领导和成员都不顺眼，总是让自己失望，几乎处于分裂状态……

团队中经常会见到这些不良现象，导致未能完成既定的计划，这些现象或者是"房间里的大象"，或者是"地毯下的蛇"。这就需要管理者对团队的各项特征做深入分析，不能仅仅关注团队的任务和绩效，也要更多地关注成员的情绪和感受，不论是"房间里的大象"还是"地毯下的蛇"，均不容忽视。

"房间里的大象"是指对于团体中某些显而易见的事实却被忽略或者否定。就像《蒙伯格和辛瑟瑞斯》里讲到的故事，其实是动物的拟人化。

水牛的头领蒙伯格不能接受任何坏消息，无视群牛无草吃的现实，副手辛瑟瑞斯也不敢提出任何建议。直到牛群都离开了，蒙伯格才感叹道："一切都好，为何离开！"集体保持沉默，最终成了合谋性沉默。

> **画外音**
>
> "大象"也好"蛇"也罢，问题就在那里，不离不弃。自欺欺人和粗心大意，都无法让它们现身。

"地毯下的蛇"是指某人注意到家里的地毯鼓出来一块，于是他用尽办法把地毯弄平，抹过、压过、辗过，地毯仍然会鼓出一块，最后他怒了，一把火烧了地毯，结果大吃一惊，地毯下面爬出一条愤怒的蛇。

所以当我们发现团队绩效不高、凝聚力不强、出现不良现象时，要找到问题的症结所在，关注团队情绪，从根本上解决问题。

3. 情绪传染

情绪传染是真实的神经学现象，有研究表明，无论是积极情绪还是消极情绪都很容易蔓延。[①] 快乐和热情在工作人群中最易传播，烦躁、沮丧等消极情绪传播得最慢。但是大凡是不良的情绪，都具有超强的传播性。

画外音
情绪传染和"踢猫"效应有一些共同点。

有人做过一个实验，让被试者观看"一人对另一人责骂"的场景，研究发现即使是不公平的责骂，观看者也更有可能学会这种行为。许多人为了保护自己的自尊心，经常在做错事时迁怒他人，但是他并没有意识到周围的人也被他传染，没有采取任何措施来控制这种迁怒的方式，坏情绪就这样传染下去了。

脑科学的研究表明，人们倾向于去模仿更有影响力、有地位之人的情绪。电视上网络上经常播出国家领导人慰问贫穷群众、参加活动的画面，这些现身说法会打动更多电视机前的观众。影视体育界的明星、"网红"、权威专家教授等比较知名的人物，他们的被认同感很强，很容易影响到其他人。

在一个组织中，领导者的情绪在很大程度上会影响周围人心情的好坏，团队成员会不自觉地去观察和捕捉其他人的情绪。人类很善于模仿，包括面部表情、身体语言和说话的方式，通过这些非语言的线索使情绪被不断地传染开来。如果团队情绪积极高涨，则会促进团队的合作和任务绩效；相反，如果团队情绪消极低落，员工的士气和绩效就会受到打击。

课堂冲击波
在一个组织中，领导者的情绪在很大程度上会影响周围人心情的好坏。

早在1981年，心理学家霍华德·弗里德曼和罗纳德·里焦就发现，即便是语言不通也会对他人产生影响。例如，三个陌生人面对面安静地静坐一两

[①] [美]斯蒂芬·P.罗宾斯、蒂莫西·A.贾奇：《组织行为学精要》，郑晓明译，机械工业出版社2016年版，第58页。

分钟，其中情绪最强烈的人就能把自己的情绪传染给另外两个人。

回到篇首的故事可以发现，咏作为一名科长，没有很好地利用"情绪传染"的特性，没有深入地理解到"你对世界微笑，世界也会对你微笑"这一亘古不变的真理。

员工每天都带着他们的情绪工作，尽管管理者认为员工总是理性的，但他们不是。如果一个管理者在处理员工问题上忽略情绪（如害怕、生气、关爱、厌恶、愉悦和悲伤）对员工日常行为的塑造，那么他就不是一个有效的管理者。单位出现重大损失，或者没有按照预期实现目标时，好的领导者懂得采取正确的办法让员工去发泄情绪，学会利用同情来"疗伤"，创造温馨的工作环境。

4. 情绪劳动

员工在全身心地投入工作时必然会消耗自己的体力和精力，但是工作中也会要求员工表现出适宜的情绪，或者说是组织希望表现出的情绪，这就是"情绪劳动"。

"情绪劳动"的概念最早诞生于人们对服务的研究。比如，航空公司希望无论是地勤还是空乘人员都表现得令人愉悦，我们也希望葬礼服务员表现得十分哀伤，我们还希望医生的情绪是中立客观的。情绪劳动和每一个工作岗位有关。

但是员工经常体验到的是情绪的失调，也就是说真实感受和表达出来的情绪不一致。

> **课堂冲击波**
>
> 情绪劳动：有些职业，不但要求我们有能力，还需要我们有特定的情绪。

真实情绪是个体的真正感受，表面情绪是在某项工作中所要表现出来的得体的情绪。尤其是窗口的服务人员及客服人员，即使面对蛮横无理的客户，依然要强颜欢笑，耐心地解答客户的问题。著名的"表叔"事件来源是2012年8月26日，陕西省延安市发生"8·26"陕西延安特大交通事故，陕西省第十二届纪委委员、省安监局党组书记、局长杨达才赶赴事故现场。在延安车祸现场，杨达才面带微笑引发网友不满，杨达才深陷"微笑门"。面对车祸现场，我们的领导干部更应该表达出的是一种同理心，一种悲伤的情绪，而"微笑"在这里显然不合适。在新媒体时代，公职人员也需要付出越来越多的情绪劳动。

> **课堂冲击波**
>
> 伪装情绪分为：表面掩饰和深层次掩饰。深层次掩饰，更准确地说，应该是试图改变情绪。

在职场中我们更多地希望看到人们展示快乐与积极的正面情绪，压抑愤怒与悲哀的负面情绪。看到同事升职而自己原地踏步，是应该表现出真实的愤怒情绪，还是掩盖愤怒而表现出表面快乐情绪呢？实验证明，不论人们的真实感情如何，任何一个不懂得如何表现积极情绪的人不会有很好的发展。我们体验的情绪并不总是我们表现出来的情绪。

为了伪装情绪，我们必须压抑真实的情绪。主要分为两种：一种是表面掩饰，比如当游泳比赛冠军得主宣布后，亚军表现非常积极的情绪就是一种表面掩饰；另一种是深层掩饰，指的是试图改变我们本应表现出的真实感觉。老师看到本班同学生病真心同情自己的学生就是深层掩饰的一个例子，通过认知将自己的情绪调整后改变了自己的真实情绪。

情绪对工作场所行为的影响是深远的，当我们了解了情绪可传染的特性后，注意团队中的情绪，工作对情绪劳动的要求，创造积极的环境会影响工作效率的提升。

"课间"茶歇

◎ 团队和人一样,也有情绪。

◎ "团队动力":团体中各种潜在的动力是存在交互作用的,团体对个体有吸引力并且影响个体行为。

◎ 团队成员的情绪容易互相传染,尤其是领导的情绪很容易影响下属。

◎ 情绪劳动在所难免,是职业化的标志。

六、情绪调节

1. 应对消极情绪的六招

情绪调节是对情绪的内在过程和外部行为所采取的监控调节，以适应外界情境和人际关系需要的动力过程。无论是个人生活还是工作中，以及日常的人际交往中，都离不开情绪调节。有研究发现人们经历消极情绪时，一般会用六种策略来加以调节：

> **画外音**
> 调节情绪，永远在路上。

（1）选择情境，接近或者避免任何导致消极情绪的事物。如远离蛮横的人，选择跟具有正能量的人在一起。

（2）情境修正，是指改变情境，使其无法产生消极情绪。比如自己在工作中面临困难，可以通过向他人求助的形式，以免被工作压垮而感到沮丧。

（3）注意力转移，通过转移自己的注意焦点，分散对一些事件的注意力，做自己感兴趣的事情来使注意力转移。

（4）认知改变，通过改变个人的思考角度，或者通过换位思考的方式，从别人的立场上或重构事情发生的情境。如两个儿子的老太太，通过改变认知，完全改变了个人的生活。

（5）合理宣泄，在适宜的场合对适宜的人表达自己的情绪，通过倾诉，得到别人的理解和支持。

（6）调节情绪反应，通过掩盖真实情绪、隐藏消极情绪而调整出别人期望的情绪。即使对领导不满意，在与领导谈话过程中仍然会装作心平气和，掩盖自己的不满。

2. 常用的情绪调节策略

情绪调节是一个热点和重要问题，格鲁斯（Gross）1991年时提出了情绪调节的过程与策略理论。格鲁斯提出，我们日常生活中调节情绪的策略很多，但最常用和有价值的降低情绪反应的策略有两种，即认知的重新评估（cognitive reappraisal）和表达的抑制（expression suppression）。[1] 认知重评即改变对情绪事件的理解，改变对情绪事件个人意义的认识，如规劝别人不必将偶尔的失败放在心上，可以总结经验，努力提升。认知重评试图以一种更加积极的方式使人理解消极情绪的事件，是先行关注的情绪调节策略。表达的抑制是反应调整的一种，是指抑制将要发生或正在发生的情绪表达行为，是反应关注的情绪调节策略。表达的抑制调动了自我控制能力，启动自我控制过程以抑制自己的情绪行为。

"课间"茶歇

调节情绪的6种策略

◎ 选择情境。

◎ 修正情境。

◎ 转移注意力。

◎ 改变认知。

◎ 合理宣泄。

◎ 调节情绪反应。

---

[1] 孟昭兰主编：《情绪心理学》，北京大学出版社2005年版，第204页。

小练习

1. 情绪温度计

刻度有 0—10 度，分别代表不快乐到快乐的程度，请你以 0—10 度来表示自己这周的情绪温度。

```
0  1  2  3  4  5  6  7  8  9  10
```

2. 完成句子

① 最近让我感觉高兴的事情是 _____。当时我的心情是 _____，现在想起这些事，我的心情是 _____。

② 最近让我感觉不高兴的事情是 _____。当时我的心情是 _____，现在想起这些事，我的心情是 _____。

③ 每当心情好的时候，我会觉得 _____。

④ 每当心情糟的时候，我会觉得 _____。

⑤ 我的心情总是 _____。

3. 交流、分享

引导成员间进行交流、讨论，帮助成员了解自己的主导情绪，感受到不同情绪体验对生活、行为、健康的影响，使其认识到积极情绪的重要。

星期三　靡靡日
Wednesday　周末还远
情绪患病

小测试

对下列题目作出："是"或"否"的回答：每题选择"是"记1分；"否"记0分。

1. 尽管发生了不愉快的事情，仍能毫不在乎地思考别的事情。（　）
2. 不计小隙，经常保持坦率诚恳的态度。（　）
3. 习惯于把担心的事情写在纸上并进行整理。（　）
4. 在做事情时，往往具体规定有可能实现的目标。（　）
5. 失败时仔细思考，反省其原因，但不会愁眉不展，整天闷闷不乐。（　）
6. 具有悠闲自娱的爱好。（　）
7. 常常倾听别人的意见。（　）
8. 做事有计划地积极进行，遇挫折也不气馁。（　）
9. 无路可走时，能够改变生活方式和节奏，以适应生活。（　）
10. 在学业上，尽管别人比自己强，但仍坚持"我走我的路"。（　）
11. 对自己的进步，哪怕只是一点点，都会高兴地表现出来。（　）
12. 乐于一点一滴地积聚有益的东西。（　）
13. 很少感情用事。（　）
14. 尽管很想做某一件事，但自己觉得不可能时也会打消念头。（　）
15. 往往理智、周密地思考和判断问题，不拘泥于小节。（　）

分析与说明：

0—6分：你的情绪不是很稳定，经常患得患失，又不能很好地生活。常常拘泥于一些小事情，无论做什么事情都过分认真，总是忙忙碌碌，耗费心机。难于作出重大的决策，一丝不苟反而使自己感觉迟钝。

7—9分：情绪一般稳定。

10—15分：你的情绪很稳定，大多擅长于处理事物的方法、判断及思考等，不拘泥于细微小节，能积极大胆地处理一些事情，在各种困难面前毫不动摇。

课后朋友圈

情商分为5种能力：认识自身情绪的能力、妥善管理自身情绪的能力、自我激励的能力、认识他人的情绪的能力、人际关系的管理能力。

情绪是由刺激情境引发，情绪是可变的、是主观的。

"情绪ABC"理论：刺激事件A（activating event）是引发情绪和行为后果C（consequence）间接的因素，而引起行为后果C的直接原因则是个体对刺激事件A的认知和评价而产生的信念B（belief）。

情绪具有传染性，要谨防团队中的消极情绪，关注团队成员的情绪劳动，以防"情绪堵塞"。

识别和管理他人情绪可以通过培养共情和恰当地表达自己的情绪以更好地实现良好的人际关系管理。

情绪调节的6个应对策略：选择情境、情境修正、注意力转移、宣泄、认知改变、调节情绪反应。

课后小作业

1. 寻找生活中的"踢猫"事件,并指出如何避免。

2. 分析组织中的"情绪劳动"现象,假如你是管理者,如何解决"情绪劳动"问题。

Thursday
星期四 深水探索日
边做边学

实训教练：董竞

课前寄语

活着就要学习，学习不是为了活着。

——弗·培根

Mon. Tues. Wed. **Thur.** Fri. Sat. Sun.

将蜕变进行到底——学习管理

针对人群

有终生学习的意愿,想要掌握基础学习方法的人。

课堂逻辑线

学习的意义——学习的内容——学习的障碍——学习的理念——学习的方法。

《劝学》

三更灯火五更鸡,

正是男儿读书时。

黑发不知勤学早,

白首方悔读书迟。

——(唐)颜真卿

　　这首诗是古人劝学的名句,劝导大家发愤学习和终生学习。一个人的时间和精力是有限的,如何在有限的时间内将学习效果最大化,这是每个人都想得到的效果,也是一个值得去探索的现实问题。本章中我们将重点讨论如何通过自我管理来更好地收获丰硕的学习成果。

一、生命不息，学习不止

所谓学而不已，阖棺乃止。《韩诗外传》中曾记载着一个孔子与学生子贡关于学习的故事，学生子贡觉得跟着孔子学了好几年，感到才能枯竭，智力疲惫，想把学习停止一下，但是，孔子告诉子贡，学习是不能停止的，应该活到老，学到老。

> **画外音**
> 子贡的累，谁能懂？

社会的飞速变革让我们走进了知识社会，今天，学习这项活动比历史上任何时候都更受重视。目前，各种新情况、新问题在不断增加，许多曾经受过良好教育的人都深感社会节奏的日新月异，很多人已经有了这样的共识：仅凭校园学习知识，这个我们曾最熟悉的求知途径，已经不能应对新时代的挑战。

生活在知识社会中，我们的学习能力将是最宝贵的能力。社会发展迅速，不学习肯定是不行的，但如何让学习了就行也是一门大学问。这一章围绕为什么学、学什么、怎么学这些问题展开。

1. 学习是一种生活方式

在知识社会来临前，个人的学习通常是通过上学获得，上学取得优异的成绩，找一份安稳且福利又好的工作，等到退休之后，各方面都还比较有保障。

而现在在知识社会中，规则改变了——现在的规则是通过上学获得知识，找份工作，并需要为维持这份工作接受各种培训，进行继续教育。能力提升后，换新工作，再继续接受培训……要想不断地进步，就要终身学习。

> **课堂冲击波**
> 知识社会，自己要对自己负责。如果你对自己放任自流，那么人会越老越没有价值。

现代社会的知识寿命大为缩短，个人用十几年所学习的知识，也会很快过时。如果不再学习更新，马上就会进入所谓的"知识半衰期"。

据了解，当前人的"知识半衰期"在迅速缩短，在知识社会前，在学习中学到的知识在相当长的时间内都有价值，而现在，我们掌握的知识很快就会过时。同时所学的知识可能会有用，但是远远不及拥有学习能力的重要。

比尔·盖茨就曾讲过一句话：21世纪，人们比赛的不是学习本身，而是学习的速度。

画外音
学习的速度？要是和百米跑成正比就好了。

终身学习是提升人的生存能力的需要。学习掌握了最新的知识与信息，就是把握住了一个个机会。要拥有成功的人生，成功的事业，我们就必须具有广博的知识，而使自己具有广博知识的唯一之路就是要从各种可能的途径吸取各种知识。只有那些能通过各种途径吸取知识的人，能从他人的知识中获益的人，能将所学与实践相结合的人，才能使自己应付各种各样的困难和问题。

2. 长大后为什么学习？

学习不等于本事，文凭不等于水平。作为成年人，继续学习的目的不再是获取知识、通过考试，最终目的应是提高个人的竞争力，使我们能够工作、生活得更好、更幸福，让知识帮助我们度过快乐的一生。

学习即生活，学习即生存。学校期间所受的教育不代表你在社会上的生存能力，也不代表你的工作能力。如果你已经认识到了成年后的学习是有意义的生活，那么请接受我对你表示的敬意，因为你对自身成长的姿态，是积极进取的，是向往美好的。

我的朋友韩梅梅，皮肤白净，微风细雨，虽然是学钢铁冶炼专业，但是她却一直保持着对世界的好奇和探究的热情，对于如何分辨猫的公母这样的知识都非常感兴趣，她还曾约我一起去上厨师班，希望能为心爱的人作出"满汉全席"……

最近她又跟着美剧开始学英语。"为什么要学呢？"周围的小伙伴们十分不解，她却很轻描淡写地说，"为了跨国代购不再被骗啊！想想自己如果能够流利地用英语表达，欣赏别人羡慕的目光，多酷啊！"想想这个学习的过程，梅梅就很开心。

尽管韩梅梅的工作也忙，但是她并没有成为一个忙碌而无趣的人。

作为一个成年人，时时保持探索世界的热情，就是一个充满正能量的人。成年人，心智已成熟，价值观已形成。有时候缺少的就是孩子那种对学习充满的热情，有时候也不必对自己强加约束，只要给自己学习的机会就好。

后天的学习完全自由，人的潜能无限大，学习也无止境。不断地学习，就会不断地进步。成年人在没有目标、看似"不用负责任"的学习中，得到的是一种适中的、不必背负内疚感的自由。正如梁文道所说："读一些无用的书，做一些无用的事，花一些无用的时间，都是为了在一切已知之外，保留一个超越自己的机会，人生中一些很了不起的变化，就是来自这种时刻。"

> **画外音**
> 后天的学习完全自由，后天不学习也完全自由啊！

3. 有收获的学习是自发性的

如果将学习看作一项投资，那么这项投资是永不亏本的。它是一种有用、有效、有益的投资。投资强调收益率。让我们来算算学习这笔投资的收益，首先是生活上，学习可以使生活充实有趣，具有很强的正外部性；其次是幸福感，学习过程会带来正向幸福感，正向叠加，对社会的影响将是巨大的；最后对于个体本身，学习将会累积成一股神秘的力量，从此，在"你"的字典里，"困难"将不在是困难了。

但是，有收获的学习必须是自发性的。很多人都崇尚自由，自由地选择、自由地决定，自由地做一切个人喜欢的事情，一个不能带来轻松、愉悦氛围的学习，就很难能够获得成就感，没有成就感，个体就容易懈怠，就很难做好，效果也就很难得到保障了。只有是发自内心，向往学习，能够从学习中获得自己想要的乐趣的人，才能够拥有学习的能力，正所谓"天助自助者"。

如果天天读书、天天听课、天天请教，但是最终脑子里只记住了一些概念、理论，工作还是原来的方式、生活还是原来的态度，那也等于什么都没学。

画外音

老师，我有时候也真心想学点儿什么，但是总觉得效果不大啊。

"课间"茶歇

重新定义学习：

◎ 飞速发展的社会，颠覆了学习的意义，学习已成为一种生活方式。

◎ 工作后的学习与学生时代的学习完全不同。

◎ 离开了专门的学习环境，学习要想有收获，一定是兴趣和需要使然，是自发的。

二、成年后应该学什么？

先问几个小问题：

你了解自己吗？比如性格、学习习惯、各种目标、价值观等？

你知道自己的知识结构吗？

你爱提问吗？

……

以上几个小问题都是关于自我认知的。我们是已形成价值观、习惯，有着明确目标的成年人，就不能还像高中生那样学习。有人长于思考，有人忠于执行，有人喜欢逻辑推理，有人钟情于实践得真知，有人崇尚个人独行、有人喜欢头脑风暴……这些都是不同的人格特质，也是不同的学习风格。

我们需要的是轻松、高效、易掌握的学习，所以关于应该学什么，就非常有必要了解自己的知识结构、学习目标、工作、兴趣。

> **课堂冲击波**
>
> 要想学习效果好，就要先了解自己的知识结构、学习目标、工作内容和兴趣点。

1. 根据现有知识结构学习

每个人的知识结构可分为三个主要层次：基础层次（文化素质）、中间层次（专业知识）、最高层次（专业精进知识），如图 4-1 所示。

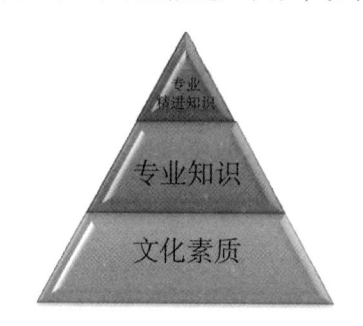

图 4-1 知识结构的三个主要层次

第一，基础层次，基本文化素质和修养。是指每个人都必须掌握的历史、文化、地理和生活的基本常识。除此之外，你在中国生活和工作，你要知道我国的基本国情，工作中各行各业的处事规则，生活中的人情世故等。基础知识是人与人交流联系、互通信息，学习其他知识的基础。

第二，中间层次，较为系统的专业基础知识。专业基础知识体现出个人的特点，是一个人在社会中立足的基础。现在社会中，每个工作岗位都有明确具体的要求，专业基础知识就好比"敲门砖"。

第三，最高层次，所从事专业的最新成就、技术、动态的精进知识。学好基础知识容易，精进专业知识就不那么容易了，必须要下一番苦功夫才行。精进的专业知识会拉近我们与成功的距离。

当然，基础层次、中间层次、最高层次的知识结构不一定是最佳的、适合所有人的知识结构，但给我们的启示就是：成年人的学习应该是搭建适合自我的、合理的知识结构。

成年人不再是为了学习而学习，要有取舍，要有侧重。同时要认识到知识间的整体性、融合性、交叉渗透性以及动态性。

2. 制定学习目标

人生要有目标。学习目标也是人生目标之一。

上面讲到，我们已是成年人，心智均已成熟，对于自己已有基本的自我认知，在此基础上，我们就需要选准一个方向，持之以恒地学习下去。在全球互联网时代，"短板"理论已破产，"长板"理论告诉我们的是：优势才是王道。

学习目标的确定要符合自己的实际情况，不能太高，也不能太低。太低不利于意志的培养，太高不仅不利于目标的实现，而是学习积极性也会受到打击。

学习也要打有准备之仗。

关于具体学习目标的制定，可参考第一章"目标管理"的内容，这里就不再赘述了。

3. 在工作中学习

从工作中遇到的问题开始学习。我们每个人在工作以后，都面临着一个最大的问题，就是以往所需的知识和技能在工作中不够用，然而，又很难意识到需要从哪着手补充技能。那么，最好的方式就是从工作中所遇到的问题入手，在解决问题中学习相关的知识和技能。通过日积月累，你的经验多了，专业自然也强了。举个简单的例子，有人想要学习 Excel 函数，但总是学完就忘，可是如果我们工作中实际使用到函数，只要解决一次，相信记忆会非常牢固。

跟随单位的发展战略学习。单位发展是个人快速学习成长的平台。单位不发展，将难以为个人提供良好的发展环境。相反地，如果单位发展得好，在不断前进中，它会为个人成长提供资源、提供方向。可以说，单位发展与个人成长学习是相辅相成、相互依存的。所以说，如果单位目前的发展战略与个人对自己的未来预期相符合，那么你完全可以跟随单位的发展战略学习来强大自己。

还记得爱嘉吗？爱嘉是一名教务管理人员，她在一所刚刚两校合并的大学中工作。这几年来，爱嘉所在的 MPA 培养机构提出了明确的发展战略，"做国内最顶级的 MPA 专业学位教育"。单位战略使命明确，自我发展预期相符，爱嘉像"打了鸡血一般"，这几年每年都给自己制定了明确的学习、成长目标。虽然有的目标完成了，有的目标没有完成，但是通过与单位战略同步，内心充实得很，收获也满满当当。

从行业未来趋势中学习。每个行业都有它自身的发展规律，你所选择的行业如果认定是自己未来的事业，那么，完全可以认真研究并把握行业的发展趋势。即便你现在并未涉猎一些工作，但是行业发展的前端的知识却是你学习的好内容。相信在学习过程中，一定能够让你眼界开阔、见识增长，为目前的工作打开思路。俗话说，早起的鸟儿有虫吃。我们要敢于成为领先人。

4. 从兴趣中学习

职场中一直流行一句话：**8小时内求生存，8小时外求发展**。

如果你不喜欢暂时的工作，或者说不定会随时转行，又或者不打算在这方面有更高的期许和追求，那可以从现在开始，就以自己的兴趣作为学习的起点，学习与你的兴趣相关的一切。目前社会上流行"斜杠青年"，很多作家通常是一边写作，一边完成一份赖以为生的工作；相信，我们每个人身边也会有不少人，一边工作，一边追求自己的梦想。没有好不好，只要自己高兴。

> **画外音**
> "斜杠青年"现在确实很流行啊！但我怕时间精力不够啊！

这样看来，学习什么真的是一件很好玩的事情，成年人的可塑性要比想象中的大得多。不论学什么，请都不要奢望能一下子走到终点，要"不忘初心，方得始终"。

"课间"茶歇

学习的成年模式：

◎ 缺什么补什么。

◎ 有目标地学习。

◎ 在工作中发现学习需求。

◎ 在生活中发现学习兴趣。

三、成年人三大学习障碍

1. 淹没在信息的海洋

  这个世界实在是信息太多、变化太快了。据说，全世界每天有 4000 本书出版，超过 4 亿个字，每天各种"专家说""教授说""著名学者说"等充斥着我们的大脑，那么怎么办呢？学习啊！于是乎，开始关注各种专家学者的微博、各种公众号。你发现，自己关注的公众号已达十余个、百余个、每天都有大量的信息推荐，地铁上看一篇、吃饭时看一篇、课后刷两篇、每天刷，可是还是看不完，看不完又不想停，看完了还要再收藏，最后利用各种 APP 转换、编辑、收藏。直到有一天，你好像突然意识到收藏夹里的内容好像从来没有再读过，之前读过的内容也早已没有了任何痕迹。有人把这种不停的收藏称作"松鼠症"，就像要过冬的松鼠，喜欢在窝里囤积坚果。不停的囤积知识，但却留着不用，这反映着我们对知识的紧张感和压迫感。

> **画外音**
> 这病我有，而且还很严重！

2. 陷入碎片化的知识迷雾中

  碎片化，本意为完整的东西破成诸多零块。随着互联网的发展，现在人们的生活已成碎片化。碎片化体现在三个方面：时间和空间上、信息获取途径上以及知识背景上。每天手机报、博客、搜索引擎、新闻网站到处充斥着大量的信息，我们常常处于被动的接受之中，任何时候，只要打开手机，就从不缺少关注点。信息太多了，而我们独立思考的时间却少了，内心的专注力被打乱了，由此，个体焦虑感日益增加。

"松鼠症"、焦虑症，加上之前我们在"时间管理"一章里提到的拖延症，构成成年人在学习路上的三只"拦路虎"。所以，很多成年人学习，起初是为了解决问题，结果却变成了逃避问题。

"课间"茶歇

成年人学习的"拦路虎"：

◎ 你是因为焦虑而学习吗？

◎ "松鼠症"，你中招了吗？

◎ 碎片化的信息时代，你是否觉得迷惘？

四、关于学习的错误理念

1. 学习的起点是焦虑

我们中不乏有人是由于看到其他人的学习热情，因产生触动、焦虑后开始着手学习的，这样做其实没有必要。学习的起点不是焦虑，而应是问题。一旦发现问题—获取知识—解决问题这条循环互动链条顺畅的运转开来，其所带来的学习效应将会是倍数级的上升。

> **画外音**
> 学习可以成为"牛"人！但学习一定不能为了当"牛"人！

2. 学习资源就是"书"

有些人以为，所谓学习，就是直接拿起相关方面的书看起来就行。其实，学习的资源有很多，关键是我们是否有扩展学习资源的能力。扩展学习资源的能力是否强大？找学习资源的能力，就是搜索能力。信息爆炸时代，增加信息已经不再重要，重要的是拥有鉴别信息的能力。所以，冷静、独立思考的能力就愈发重要。拓展学习能力之初，不妨先从与有经验的人多多交流开始。这些能手能提供给你准确的分析途径、明确的建议指导，如果遇到这样的牛人，可千万不要错过，多学学人家怎么思考问题、怎么来做分析判断，最后结合自身的实际情况，系统地读书。

> **画外音**
> 终极必杀技：扩展学习资源的能力！

3. 每个人都遵循同样的方式来学习

前面讲了我们每个人有不同的学习风格。你是沉思型、是冲动型、是实践型、还是阅读型？这完全取决于对自我的分析和了解。学习能力强的人，对自我了解深入，明确知道自己的优劣势，知道自己的盲区，知道哪种方式对自己有效，并且会不断优化自己的学习方法。总之，学习风格因人而异，丰富多姿。

画外音
我要找到自己的学习风格，就像找到自己的穿衣风格一样！

"课间"茶歇

◎ 学习的起点是你遇到了一个问题，而不是遇到了一个竞争对手。

◎ 学习能力，终极招数就是扩展学习资源的能力。

◎ 学习能力强的人，在于不断总结学习风格，明确学习盲区。

五、如何有效学习？

子曰："学而时习之，不亦说乎？"

在中国古代，"学"就是闻、见、思，是获得知识、技能。而"习"是巩固知识、技能，一般有三种含义：温习、实习、练习，有时还包括行的含义在内。因此，学习就是获得知识，形成技能，培养聪明才智的过程，也可以归纳为学、思、习、行的总称。

大家可以看到我们有的人靠读书和记笔记来学习，有的人主要靠读、听、看来学习；有的人靠说。每个人都有自己最适合和擅长的学习方式，充分利用自己最擅长的方式是提升学习效率的主要方法。

1. 自己学

成长学习的"721"法则是指**成年人知识和能力**的来源 70% 来自自己在工作岗位的实践，20% 来自与他人的交流，10% 来自各种培训等。由此可见，自己学是成年人非常重要的学习途径，如图 4-2 所示。

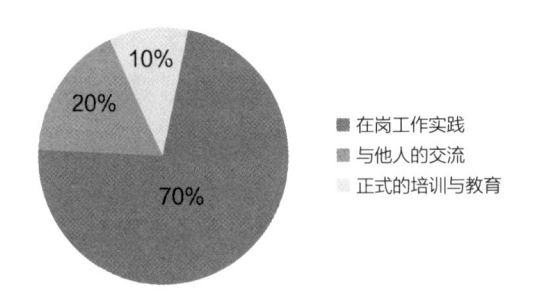

图 4-2 成人学习的"721"法则

自我复盘

简单地说，学习无非是跟书本学、跟自己学、跟别人学。其中，最多、最深刻的还是跟自己学，跟自己学就是一种复盘。

复盘原是围棋术语，本意是对弈者下完一盘棋之后，重新在棋盘上把对弈过程摆一遍。看看哪些地方下得好，哪些地方下得不好，哪些地方可以有所不同，甚至是更好的下法等。这个把对弈过程还原，并且进行研讨、分析的过程，就是复盘。

复盘的实质是从经验中学习。成年人进行复盘学习有何价值呢？

第一，知其然，知其所以然。无论成败，通过复盘，搞清楚成败的原因，从中学习到经验教训，这是真正重要的。

第二，传承经验，提升能力。你只能找到大多数人找到的方法，那么你就只具备普通人的学习能力；你知道别人不知道的方法，你就具有与众不同的学习能力；你知道所有不会到会的方法，你就有全面的学习能力；你找到最快的不会到会的方法，你就有快速的学习能力。

第三，不再犯同样的错误。任何人都有可能犯错误，但我们鼓励创新、推动变革，也鼓励冒险、宽容失败，错误并不可怕，可怕的是不能及时发现、及时纠正补救，不能从失败错误中汲取教训。我们不要狗熊掰棒子，也不要重复交学费。

那么，哪些事值得进行复盘呢？

新的事：可以找到下次类似事件时可以改进的地方；

重要的事：涉及面广、影响大，及时总结，群策群力；

未达预期的事：应对能力可能还存在欠缺，正是你需要提升的地方，是难得的学习机会；

有学习价值的事：虽然复盘也是一种形式的总结，但又不同于工作总结。区别主要为：（1）复盘以学习或行动为导向。深度还原分析当时情势下的思考、做决策的方式；（2）复盘重在使个人从经历中学习，让自己重新提出假设、进行自我回答，同时分析差异；（3）复盘的目的在于不断激发新思路、新方案、新思维。

多做自我反思

曾国藩一天必做十二件事：主敬、静坐、早起、读书不二、读史、谨言、养气、保身、日知所亡、月无亡所能、作字、夜不出户。在这十二条中，"日知所亡"就是要将每日的心得体会记录下来，从而自省，有所感知。古代先贤的教育，所谓吾日三省吾身，如果能持续地进行自我反思，无疑学习会成长得更快。

2. 向书本学

阅读经典

网络和电子读物适合浅层次阅读，从理解的方便和深度上还需要阅读纸质书籍，尤其是要读经典的书，深入地读、全面地读、反复地读。

对于经典书籍，读的时候可以问自己这样几个问题：

（1）我为什么要阅读这本书？我能否用几个关键词罗列书中的主要内容以及我阅读后的感受？

（2）体现我对本书的评价和反思。书中的内容是否有价值？书中的观点我是否认同？对图书进行正向、逆向、左向（同领域）、右向（历史角度）全方位的评价和分析。

（3）拆解图书的结构。书中的表达、思维主线、逻辑关系是如何构建的？对个人能力的提升有何启示？

说到读书，这是一个非常大的话题。这里要强调的是要阅读经典书籍。经典书籍要读经济、管理、修身、谋略、励志、科普、传记等多个方面，读了经典书籍，能够让我们领略人类的感知、智力、情感的高度和深度，在喧嚣的世界里，找到一个只属于自己的寂静角落，沉下心来，思考人生，让浮躁的心灵归于纯净……

好记性不如烂笔头

没有记录就没有发生，通过笔记可以帮助我们回忆书中的要点。同时，还是一个将外在的显性知识内化吸收的过程，对于能力的提升非常有效。

读书笔记是把书读薄的过程。写读书笔记的方法有很多，比如摘抄总结、思维导图、简单的"一页纸读书法"。

在现实工作生活中，最实用的方法是思维导图方法。

思维导图

用做思维导图的方法来做读书笔记，图文并重、思路清晰，对于掌握书中主题要点、联想思考现实生活很有帮助。画思维导图时，可以注意：

（1）确定读书笔记的思维导图主题。主题最好唯一。我们读书的目的有很多，也有不同。有些书是为了找到解决问题的方法，有些书是希望获得某些技巧、有些书是希望知道更多的知识……目的不同，思维导图的主题也不同。

（2）主题明确后，确定导图的分支。各分支主要体现的就是个人对于图书的理解。画分支的过程，是个人与作者不断对话、沟通的过程，是回顾、反思、从书里汲取营养的过程，是扩大思维，提升理解水平的过程。所以各分支不宜按部就班，人云亦云。

（3）画思维导图的时间。我们可以一边读书一边做思维导图，也可以是读完整本书，再做思维导图。思维导图只是帮助我们很好地理解、应用书中内容的工具，并不是读书的目的。

"一页纸读书法"

"一页纸读书法"非常简单，适用于对字数不多的图书进行精练式的介绍。"一页纸读书法"包含的内容比较随心，但是一般都要包含书中的关键词、以及读书后的感受。集中精力完成的话，不会超过20分钟。用"一页纸读书法"时，也可以用不同的颜色、背景来区分要点。

这是笔者读《匠人精神》后根据"一页纸读书法"所做的整理，供参考，如图 4-3 所示。

书名	匠人精神
图书时间	2016、2、13
评分	4分
本书12个关键词	孝顺、发心、愿力、好好做事、振作、自我支柱、守破离、纯朴率真、批评指教、挨骂、基本功、不忘初心
本书3个核心关键词	发心、好好做事、批评指教
我想解决的问题	为什么日本的长寿企业那么多？匠人精神到底是什么？
书中启发的答案	工作是一种修行；先处理心情，再处理事情；坚持
下一步行动	对工作精益求精的态度，沉住气；看一遍"大国工匠"，了解我国的情况

图 4-3 "一页纸读书法"参考

思维导图、"一页纸读书法"，都是记录读书内容的方式。方式是灵活的，但是目的是一样的，就是希望读书人不能读死书，要通过读书与现实建立起关系，与能力培养建立起关系、与独立思考建立起关系。

3. 提问学习法

杨振宁博士对中美教育进行比较时曾谈到，中国学生囿于书本，缺乏独立思考和提问的能力。1997 年诺贝尔物理奖获得者朱莉文教授也有过类似的评价。提问题，很多人都不擅长，尤其是提一些创新性、探索性的问题。由此，我们都需要锻炼通过提问来学习的方式。

一个好的问题会让我们成为一个猎手。知识也变成了我们主动去侦察、寻觅、狩猎的猎物，而不是我们战战兢兢供奉，或者亦步亦趋跟随着的对象。

在问题引导下的学习最大特点是，第一，问题的提出要求的不仅仅是找到问题的答案，更为重要的是要通过问题的学习获得解决一类问题的方法。问题的解决涉及观察、推理、收集信息、整理信息、分析信息等。其次，问题的提出，目的在于激发探索解决的欲望。主动查阅文献资料，抛开既有观点的约束，每个过程都充满着未知，充满着惊喜。最后，问题的提出和解答增强了学习的乐趣。由于问题的开放性，在整个问题的探索中，我们需要与人交流，通过相互沟通、对话和鼓励，会很好地增强学习的乐趣，创建起温暖的学习氛围。

古人云：授之以鱼，不如授之以渔。在成年人的学习过程中，虽然不再像小孩子那样乐于提问，但不可回避的是，在我们的阅读、观察、思考过程中仍会出现很多问题，记住，不要忽略这些问题，说不定哪一个问题背后，就隐藏着一座值得深入探索、钻研的宝矿。

4. 向别人学

子曰：三人行，必有我师焉。在学习中，一个重要的途径就是向他人学习。学习他人的经验，学习他人的智慧，学习他人的教训，学习他人一切可以作为借鉴的东西。"他人"可以是榜样、同事、行业"大咖"，也可以是你认为有闪光点的任何一个人。他人的经验、阅历、教训、总结、智慧、思维方式都是我们可以学习的内容。向他人学习，目的在于自我获得指导、获得提升。我们还是要做自己，不是模仿、重复别人。

孔子去鲁国国君的祖庙参加祭祖典礼，他不时向人询问，差不多每件事都问到了。有人在背后嘲笑他，说他不懂礼仪，什么都要问。孔子听到这些议论后说："对于不懂的事，问个明白，这正是我要求知礼的表现啊。"

向他人学习，忌好面子、摆架子、只学皮毛。任何学习都是要付出劳动的，有体力劳动，要去实践中进行检验，而不是仅满足于听汇报、看材料，还要有脑力劳动，别人的经验做法是否真的为我所用，是否有更好的解决办法、是否内化于我心。只有真下功夫，才能学到他人的精华。

向他人学习，归根结底，是为了提高我们自己，要放下架子，丢掉面子，见榜样就学，见经验就学。

5. 在工作和生活中学习

罗丹曾说：生活中不是缺少美，而是缺少发现。同样，留心处处皆学问。固然可以从书本上学到很多知识，但有了发现的眼睛，在我们的工作和生活中，将处处是学习的机会。人与人之间的差距绝对不是一个晚上拉开的，这个差距其实体现在每件事情上是否有成长，在做不同事情的过程中，只要用心寻找，处处都可以是学习之所，人人都可以是学习之人。

方便面是生活中受人欢迎的食物，因为它味道可口、制作简便、节约时间。可你知道方便面是怎样发明的吗？

"二战"后日本缺少粮食，就是一碗拉面也要排队好长时间，安藤百福就是抓住这个生活细节，经过不断改良发明了方便面。在他发明方便面之后，推销时，他发现大家用纸杯泡着吃不够方便，他又茅塞顿开，发明了桶装方便面。

读罢这则故事，你是否感受到，生活是我们最好的老师。这位老师虽不开口讲话，但是那有喜、有泪、有惊、有险的每一天，无不带给我们丰富的知识，我们要做的就是寻找、学习、专注、探索。

最后用一句话共勉："立身百行，以学为基。"基，基础也。这句话的意思是：在安身立命的各种本事中，学习是最为根本的，不管哪行哪业，都应该以学习作为基础。

学习者智、学习者强、学习者胜。

"课间"茶歇

如何学习？

◎ 自己学。

◎ 向书本学。

◎ 跟着问题学。

◎ 向别人学。

◎ 向生活学。

小测试：测试看你的学习能力

任何一种能力都是可以通过某些事物、方法得到测量的。你清楚自己的头脑能力、学习能力吗？或许简单一两门科目的分数还不具备代表性。不过一种临场反应，或者一个人看事情的通透力，更能体现一个人的能力。

一个盲人丢失了皮包，警方捉住四个嫌疑人，这个盲人很快就认出了贼人是谁。你可以通过下面的对话来判断一下，谁是小偷？

嫌犯甲：甲是一名会计文员。他说："真是冤枉，不是我干的！"

嫌犯乙：乙是一名家庭主妇。她说："我并不缺钱，为什么要去偷呀？"

嫌犯丙：丙是一名教师。他说："我作为一名老师，为人师表，怎么会去偷别人的东西？"

嫌犯丁：丁是一名售货员。她说："我根本就不在现场，刚才与朋友在餐厅用餐！"

答案解析：

选甲的人

你的头脑比别人可能有一些迟钝，反应也没别人敏捷，所以，要时常告诫自己在任何方面都不可以懒哦。所谓勤能补拙嘛，只要你能勤奋一些，必然会找到属于你自己的方向的。

选乙的人

你的领悟力比较差，所以，即便你和别人同时起步，你学习的成效却不见得与别人同步。但是，请不要因为自己落后别人就灰心丧气。只要慢慢地做好基础，你也能和大家一样上手。

选丙的人

你是个很有耐心的人，锲而不舍的精神在你身上体现得比较明显。或许在很多方面自己还有很多不足，只要你不断努力坚持，一定会让自己更成功，甚至会超越别人。

选丁的人

你是个头脑聪明、反应力强的人，对于各种学习，只要你下点儿功夫就有效果了。不过你要切记骄傲自满，好好发挥和利用你的天赋，这样你在各方面才会更胜一筹。

课后朋友圈

拥有学习能力的人，才能拥有这个时代的竞争力，也是每个人终生的命题。

"为何学、学什么、怎么学"，是三个关于学习的关键问题，也是答案因人而异的多样性问题。

避免学习的误区，找到学习的真谛，掌握适合自己的学习方法，会给工作和生活以非凡。

在学习中，可以借鉴的方法包括：

自我复盘法、不断反思法、经典阅读法、思维导图读书法、提问学习法、他山之石法、以生活为线索学习法。

以上方法只是学习方法中的一部分，关注学习，关注成长，关注人生的终极目标，我们会找到适合自己的学习方法。

Friday
星期五 狂欢日
为何找不到成就感？

实训教练：白玲玲

课前寄语

"效率"是以正确的方式做事；而"效能"则是做正确的事。

——彼得·德鲁克

Mon. Tues. Wed. Thur. **Fri.** Sat. Sun.

星期五　狂欢日
Friday 为何找不到成就感？

培养长久愉快做事的能力——效能管理

针对人群

做事状态差、费时费力、提不起兴趣的人。

课堂逻辑线

什么是效能——主观效能怎么提——客观效能怎么提。

一、什么是效能？

1. 为什么你的"情绪储藏室"里，它们是常客？

◎ 工作量越来越大，领导的要求越来越高，但我的状态越来越差；
◎ 每天有做不完的工作，经常加班加点；
◎ 经常丢三落四，做了这件忘了那件；
◎ 工作频频出错，不是弄错了关键环节，就是小疏忽不断；
◎ 就算错误不多，质量也不过关，领导总是让修改、返工。

亲爱的朋友，你是不是也遇到过这样的情况？每当此时，你是不是心情特别复杂？你的"情绪储藏室"里，这几位一定是常客：

委屈：我任劳任怨，积极肯干，有时候一个人干了好几个人的活儿，领导不体谅我的辛苦，就知道批评我的错误！

自责：为什么自己不仔细点认真一些？为什么不能认真思考？为什么不去做大量的准备工作？这样就不至于出错、低质量了。

自卑：我总是干不好，是不是我不适合这份工作？是不是我的能力有限？是不是我悟性太差？

> **画外音**
> 这分明就是我一直以来的状态！

如果以上的描述，你统统中招或者大部分中招，那就说明，你现在正处在低效能的状态，必须尽快提高效能。

2. 你真的知道什么是"效能"吗？

效能不是效率

也许你会说，不是的，我的工作效率很高，我也学习了之前你们讲到的"时间管理"，我在工作时间可以做很多事情，但就是觉得事情还是那么多，还是做不好。

在这里，我要澄清你的两个误会：第一，效率不等于效能；第二，时间管理得好，不一定效能高。

那究竟什么是效能？如何提高效能呢？

效能的定义有很多种。比较有影响力的两种解释是"德鲁克效能论"和"史蒂芬·柯维论"。

> **课堂冲击波**
> 效率并不是效能。高效率是指我们一天可以做很多事；但如果这些事的作用都不大，那就是低效能。

"德鲁克效能论"是管理学大师彼得·德鲁克提出来的，他在《有效的主管》一书中指出：**"效率"是以正确的方式做事；而"效能"则是做正确的事。**

"史蒂芬·柯维论"是著名的管理学家史蒂芬·柯维提出来的，他在他非常著名的书《高效能人士的七个习惯》中指出：**效能在于产出与产能的平衡。**

"鹅和金蛋"的故事

柯维还讲了一个伊索寓言来说明"效能"的真正内涵：

一个农夫无意间发现了一只会生金蛋的鹅，不久就成了富翁。他变得更加贪婪和急躁，每天一个金蛋已无法满足他。于是他就把鹅杀了，想将鹅肚子里的金蛋全掏出来，谁知，鹅肚子里并没有蛋。农夫不但失去了鹅，也失去了金蛋。

他想用这个故事来说效能就是产出与产能之间的平衡关系。"唯有在产出与产能之间取得平衡，才能实现真正的效能。虽然你常会因此面临两难选择，但这正是效能原则的精髓所在。它是短期目标与长期目标之间的平衡，是好分数与刻苦努力之间的平衡，是清洁房间与良好亲子关系之间的平衡。"①

> **画外音**
> 我懂了，效能就是长期目标和短期目标之间的动态平衡。

综合德鲁克与柯维的观点，其实，效能就是"**长久做事情的能力**"。这句话包含两层意思：**第一层：做事情的能力**，其实这指的是"正确地做事"和"产出"，即效率；**第二层：将事情做长久的能力**，其实就是"做正确的事"和"产能"，因为只有"正确的事情"才能做得长久，只有拥有了产能，才能确保产出的持久。

---

① ［美］史蒂芬·柯维：《高效能人士的七个习惯》，中国青年出版社2013年版，第71页。

"课间"茶歇

什么是效能?

◎ 如何判断自己进入了"低效能"状态?

◎ 效能和我们通常所说的效率,并不是一回事。

◎ 效能就是做正确的事。

◎ 效能就是产能与产出的平衡。

◎ 效能就是长久做事的能力。

二、让自我效能感提升主观效能

1. 自我效能感：你有成功的信心吗？

对于个人来讲，效能可以分为主观和客观两个层面。客观层面就是切切实实地可以将某一件事情长久做下去的能力；主观层面，就是**自己对"可否长久做某件事情"的感受**，即"自我效能感"。

"自我效能感"是社会心理学的一个概念，是指个体对自己能否完成某个任务或活动的能力的信心，或主体对自我在某个方面的能力的感受、知觉和把握。[1]

可以说，自我效能感是个人对自己的一种认知；也是一个人对自己可否持久做事的信念。

> **课堂冲击波**
>
> "自我效能感"就是一种信念，确信自己可以完成某件事情的信心大小。

2. 测量你的效能感

那么如何衡量一个人这方面的信念呢？也就是说，如何衡量自我效能感的高低？国际上有一套比较通用的测评方法，叫作"一般自我效能感量表"，如表 5-1 所示。

---

[1] 郭本禹、姜飞月：《自我效能理论及其应用》，上海教育出版社 2008 年版，第 38 页。

表 5-1　　　　　　　　　一般自我效能感量表[①]

我的状况	A 完全不正确	B 尚算正确	C 多数正确	D 完全正确	得分
如果我尽力去做的话，我总是能够解决问题的					
即使别人反对我，我仍有办法取得我所要的					
对我来说，坚持理想和达成目标是轻而易举的					
我自信能有效地应付任何突如其来的事情					
以我的才智，我定能应付意料之外的情况					
如果我付出必要的努力，我一定能解决大多数的难题					
我能冷静地面对困难，因为我可信赖自己处理问题的能力					
面对一个难题时，我通常能找到几个解决方法					
有麻烦的时候，我通常能想到一些应付的方法					
无论什么事在我身上发生，我都能够应付自如					
总分					

利用上面的一般自我效能测试表，为此刻的自己测试一下吧！选项 A/B/C/D 的得分分别是 1/2/3/4。

一般自我效能感的分值表述：

1—10 分：你的自信心很低，甚至有点儿自卑，建议经常鼓励自己，相信自己是行的，正确地对待自己的优点和缺点，学会欣赏自己。

[①] 一般自我效能感量表（简称 GSES），由德国临床和健康心理学家 Ralf Schwarzer 教授和他的同事于 1981 年编制。

10—20 分：你的自信心偏低，有时候会感到信心不足，找出自己的优点，承认它们，欣赏自己。

20—30 分：你的自信心较高。

30—40 分：你的自信心非常高，但要注意正确看待自己的缺点。

3. 自我效能感从哪里来？

自我效能感作为个体对自己与环境之间交互作用时的自我感受，是基于一定的当下情境和对过去事物解读后产生的认知，如图 5-1 所示。

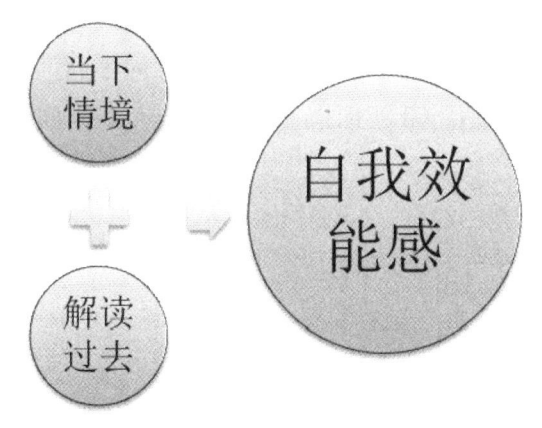

图 5-1 自我效能感的产生

李雷为什么表现突出？

李雷是某市政策研究室的一名研究人员。前不久，领导给他布置了一份材料的写作，要他拿出一个本市贫困人口的调研报告和扶贫政策建议来。

由于有农村生活的经验，加之国家政策热点中早就有了"扶贫"这个词，李雷从年初就开始关注这方面的内容。领导布置给他这项工作后，他立即找出之前社会调查的课本，重温内容，制订了一份完整的调研计划。由于提前关注国家政策热点，早有思考，加之对相关内容的专业性策划和准备，李雷这次的工作完成得很出色，得到了领导的充分肯定。

李雷在感到开心的同时，也回想起自己之前的工作习惯。只要平时注意紧跟政策热点、学习和利用专业知识和技术、提前熟悉工作环境，基本都会取得不错的工作业绩。

在李雷看来，类似的调研和政策报告就能给他带来很高的个人效能感。

不同感受取决于对信息的加工方式

在社会学习理论看来，人与环境的互动过程及其结果，向个体传递着大量不同性质的信息，自我效能感正是通过对这些信息的认知加工而形成的一种主观感受和总结。即使同样的互动及其结果，对不同主体而言，也有可能意味着不同的信息价值，因为主体的认知和心智模式不同，对其加工所产生的结果也不尽相同。

同样是上面李雷的故事，李雷得出的感受是：只要努力，就能把事情做好，而他的同事小张可不这么认为。

小张通过李雷的经历，觉得人生不易，要想取得一点儿成就，需要付出的东西实在是太多了，值得吗？何况这样的工作根本就不是小张希望的，他对扶贫没有兴趣，他只想朝九晚五，早点儿下班去打羽毛球，或者能有机会去丽江开一家咖啡厅，平平静静了此一生。

4. 自我效能感"三个关键词"

自我效能信息所呈现的不同方式，构成了个体形成自我效能感的不同途径。

第一，成败经验，即个体对自己实际活动成就的感知。这是个人获得自我效能感最基本、最重要的途径。

还是上面李雷的例子，李雷正是通过自己平时努力的工作，获得了比较高的自我效能感。

第二，替代性经验，即对他人的活动及其水平所获得结果的观察。他人是与自己有可比性的他人，他使观察者相信，当自己处于类似的活动情境时，也能获得同样的成就水平。

李雷的另外一个同事张晓明，也是一位对工作有着高追求的小伙子。当他看到李雷的经验后，他觉得自己和李雷有很多共同的地方：两人都对政策研究的工作很热爱，经常一起研讨对国家政策的构想和建议；两人都是硕士毕业，学的都是公共政策分析的专业，在专业方面的训练相当；同时，他的文字水平也不比李雷差，两个人都是局里有名的"笔杆子"，自己对政策评论很有一套，还在报纸上开设专栏呢。通过这些对比，张晓明对自己未来的工作也充满了信心。他相信，只要自己平时注意积累，一旦有类似的机会，他也能作出有影响力的政策建议来。

第三，言语劝导，即接受"别人认为自己具有执行某一任务的能力"的语言鼓励，进而相信自己的效能。

言语劝导的效能价值，并不是一定的，其价值大小取决于其是否基于一定的现实；客观现实的语言劝导能够激发个体的动机水平而使个体效能感提升；而不切实际的言语很难在活动中得到实现，从而降低劝导者的威信，进而降低个体的自我效能感，并增加其挫败感。

5. 自我效能感的强心剂

那么，相应地，如果要增强一个人的自我效能感，也可以从以上三个方面入手，我把它总结成了下列三种方法。

> **课堂冲击波**
>
> 自我效能感是基于多次"行动—成功"这样的行为与结果反馈得出的认知。

第一，"归因训练法"，即增加成功经验，提高对成功的感受，发觉成功的因素，加大对这些因素的运用，进而提升自我效能感。

自我效能感不是空穴来风，往往是基于多次"行动—成功"这样的行为与结果反馈得出的认知，认为自己的某些行为与某项任务的完成有着非常大的正相关，甚至是因果关系。所以，想要得出这样的认知，必须确保"行动—成功"的模式一再出现。

"行动—成功"模式的出现，可以使用"定向回忆法"，即回忆自己曾经在类似情境下取得的成功，总结什么样的行动会带来或引发成功，将相关行为上升到流程、原则、规律的角度，如果这样的总结是正确的，那么可以将这样的流程、原则、规律运用到今后类似的任务中。这样，一旦成功，就会强化自己的认知，确信自己总结的规律，进而也会提升自我效能感。

> **画外音**
> "定向回忆法"就是"好汉要想当年勇"呗！

例如，我们在某次会议的组织中做得很好，获得了与会者和领导的认可，那么我们可以回忆并总结在这次会议中我们是如何做的，将做法形成会议流程，将当时的思考路径和结果反馈总结成办会原则。那么在下次会议中，我们就尝试继续运用这样的流程和原则，也许我们成功的可能性就更大一些。

再比如，在某项团队工作中，我们付出了很大的努力，同时保持了与各方的积极沟通，各项准备工作都有条不紊地进行，最后工作很成功。那么我们就会把"努力、积极沟通、提前准备"作为完成类似团队工作的原则。

第二，"榜样分析法"，又叫作"增加替代性经验法"。

> **课堂冲击波**
> "榜样分析法"，就是观察者去观察、了解对比者的具体行为和背后的指导原则，从而获得对自己行为的指导。

替代性经验，是个体通过观察能力水平相当者的活动，从而对自己的能力产生一种间接评价。我们把被观察的能力水平相当者称为"对比者"。

对比者可以分为两种类型：一种是"目前与观察者能力水平相当，但在某些有对比价值的方面比观察者做得好"。这种情况下，观察者就需要观察、了解对比者的具体行为和背后的指导原则，从而获得对自己行为的指导，这种指导也会提升观察者的自我效能感。前面我们提到的张晓明的例子，就是典型的"榜样分析法"。

另一种对比者是"目前在各方面都非常优秀，以至于和观察者有非常大的差距，但对比者曾经的状况与观察者非常类似，正是他采取了某些行为或努力，他才获得了巨大成功"。这样的对比者也往往对观察者有很大的激励作用，对比者努力、改进的行为和过程越具体，对观察者越有帮助，同时也越能提升其自我效能感。

例如，我们往往都喜欢看名人传记，也经常有一些伟大的人物，谈到自己曾经的经历时，都是用平凡、渺小、失败、胆怯、笨拙、懦弱等词语来形容自己的。我们中国的马云、俞敏洪都属于类似的情况，他们有的多次高考未果，有的只考上了很普通的大学；有的曾经自卑、没有才华；有的曾经长相堪忧（现在也是）、多次创业失败。但正是他们这些与普通人相似的经历，最能激起我们的发展动力，因为我们容易相信：这些"大咖"曾经跟我们一样是普通人，只要我们付出他们那样的努力和坚持，我们也有可能成功。

第三，"权威评价法"，即增加与身边智者的沟通，获得他们的肯定或建议。这种方法是利用了"增加言语劝导"的原理。

所谓智者，就是那些你信任的、敬佩的长者或高手。找对人很重要。首先，这个人得是有公信力

> **画外音**
>
> 可惜啊，我身边，权威不少，能真诚评价我的人不多啊！

的人，我们相信他的判断；其次，这个人对你比较了解，他也愿意给你一些建议和鼓励；再次，你需要确定他的话不仅是为了鼓励你而说的，而是因为他相信自己所说的话是真实可信的。

关心你的上司，热心肠的优秀同事，曾经的学长，行业的牛人，一直关注你成长的老师，你的父母，都是不错的"评价者"，可以请他们在不同方面给予你评价和建议，上司给出工作改进建议，同事给出任务处理建议，学长给出终身学习建议，行业牛人给出行业研究建议，老师给出人生发展建议，父母给出智慧生活建议。

"课间"茶歇

如何获得较高的自我效能感？

◎ 自我效能感，就是对自己可以做成某件事的信心。

◎ 通过一个五度量表，我们可以了解到目前自己的效能感水平。

◎ 对信息的加工方式不同，自我效能感就不同。

◎ 成败经验、替代性经验和言语劝导，这三点决定了自我效能感。

◎ 提升自我效能感的方法就是：归因训练法、榜样分析法和权威评价法。

三、如何夺取效能高地

提升了自我效能感，我们就在主观层面使自己有了提升效能的信心和意识。那么接下来，我们该如何切实提升自己的效能呢？

效能就是产出与产能的动态发展。只要确保产出与产能的平衡发展，就能成为效能不断增长的"高效能"人士。

史蒂芬·柯维在他最著名的著作《高效能人士的七个习惯》中，将七个习惯分为两个层次：前三个属于第一层次，即个人管理的层次，分别包括：积极主动（个人愿景的原则）、以终为始（自我领导原则）、要事第一（自我管理原则）；后四个原则属于第二层次，即人与人交往的层次，包括：双赢思维、移情聆听、综合统效和不断更新。

这七个层面固然全面深刻，但作为一个初入职场的人来说，可能其中很多原则还无法深刻理解，或者说，新手们很难从中找到合适的操练必杀招。

实践柯维的七个习惯，也可试试下面几种更关注操作性的方法。

1. 方法一：重点突破法

"80/20"法则

一位初入职场的新人，要承担的工作可能五花八门，领导的讲话稿归你写，与合作单位的方案归你思考并起草，职能部门要求上报的月度、年度总结得你汇总，下周的会议准备得你一一协调落实，一条横幅、一个PPT都要你搞定，王科长老婆生孩子了，尽管你不熟悉他的业务，你也得顶上。又要了解并完成各种工作，又要参加局里的新员工各类培训，又要协助老张帮助小王，又不能落下自己的主要工作，面对这样的四面楚歌，你该怎么办？

这个时候，"80/20"法则就显得很有指导意义了。

所谓"80/20"法则，我们大概都听说过，它又叫"帕累托"法则。这个概念最早出现在经济学领域，是由意大利经济学家帕累托发现的。他在研究

19世纪英国人的财富和收益模式时发现，大部分的财富都流向了少数人手中，而另外一些国家也有类似的情况出现。据此，帕累托得出结论：社会上20%的人占有80%的社会财富。

根据这一经济学现象，人们很快发现，"80/20"法则在管理学或社会生活等领域广泛存在。例如，管理学家发现，企业80%的利润来自它20%的项目；在社会生活中，80%的罪行是20%的罪犯所为；20%的儿童得到了80%的可用教育资源，20%的驾驶员引发了80%的交通事故……[①]

据此，我们也许会发现，我们的工作中，20%的时间里创造了80%的业绩，剩下的80%时间里，我们所做的事情效果微乎其微。

职场新人也在"80/20"法则的势力范围

看到这里，你也许会说："80/20"法则谁不知道啊！问题是，我们作为最基层的工作人员，领导布置什么就得干什么，哪儿能只干那20%的高绩效工作啊！

> **画外音**
> 职场新人也能决定自己的工作内容？

是的，每个职场新人都是从这一步走过来的，怎么办呢？

首先，我们要相信，大部分的领导都符合"理性经济人"的假设，当他发现你更擅长做哪些工作时，只要没有私利的干扰，他都会把你安排在更擅长的岗位和工作上，因为只有如此，他的领导业绩也才能达到最大。这样你慢慢就会有更多的时间和精力来做80%高绩效的事情。

其次，你自己也要慢慢学会取舍。不要以为身处职场最底层就没有任何主动性。你的取舍行为会为自己争取到更加有利的发展环境。当然了，前提是你要有所长，否则只能沦为"万金油"。

---

① ［英］理查德·科克：《80/20法则》，冯斌译，中信出版社2014年版，第55—56页。

发现和认识到自己的长处、兴趣点，其实是一件很难的事情。一旦找到，就可以在这类事情上更加积极主动，主动请缨去完成，或者在类似的工作中提出更多自己的意见和建议，长此以往，领导就会把更多这类的工作交给你，而把你并不擅长的工作交给更擅长的其他人。

> **课堂冲击波**
> 好的领导，布置工作的思路是"你擅长"，而不是"不喜欢"。

当然了，最后一条是：学会说不。大家都认为这点是很难的，不但是因为我们身处基层，更是因为我们中国人的处事习惯，很难对别人，尤其是领导和同事说"不"。

其实，说"不"有很多方法。当你表现出擅长一类事情而不擅长其他事情时，就是间接对别人说了"不"；不要觉得示弱有什么不好，神通广大如孙悟空尚且承认自己"不善水战"，一代枭雄刘邦也承认自己有不如子房、萧何、韩信的地方。

> **课堂冲击波**
> 当你表现出擅长一类事情而不擅长另一类事情的时候，就是间接向领导说了"不"。

明确说"不"虽然很难，当时也的确会让对方有难堪的感觉，但当面、明确说"不"绝对是"副作用最小"的方法，过后对方恢复理性就可以理解了。如果没有明确拒绝，但后续却通过"消极怠工"的方法来应对，是最不明智的，也很难得到对方的体谅。

李雷的烦恼

还是我们前面提到的李雷。他在刚到政策研究室的时候，真的是什么工作都干：帮领导收集政策资料、申请购买研究室的图书、沟通联络外出调研、给领导出席会议撰写讲话稿、陪同领导外出开会之后报销各种票据，甚至还被借调到人事处协助招聘、选拔人才，研究室负责科研工作的周姐休产假了，李雷还要临时接手周姐那些课题申请、课题评审等工作，真是忙得不可开交。更加雪上加霜的是，副主任还和主任商议，想把党的工作也交给他，让他组织支部学习，撰写各种支部学习材料，并上报给上级部门。

李雷一听这些，头都大了。他之前是"有求必应"，觉得只要是领导或其他同事交代的工作，都是对自己的一个锻炼机会，应该牢牢抓住，不要让任何人失望。

但是当他承担的工作越来越多时，他感到了巨大的压力，如果要把所有的工作都做完做好，即使天天住在办公室也是不够的。

这时候他应该怎么办呢？

幸好李雷有着良好的职业素养，他并没有四处抱怨，而是觉得自己的工作一定有问题，他暂时放下了手头一些不太重要的工作进行了两次长时间的思考。

第一次思考，他意识到，自己一定做了一些原本不该做的事情，在纷繁复杂的事务性工作中迷失了自己。那么，自己的方向究竟在哪里？自己的优势究竟在哪里？经过不断观察和试验，他得出结论：自己是一名政策研究人员，这是自己的本职工作，也是自己最擅长的工作，只有这项工作才能发挥一个公共政策分析专业学生的优势；这项工作也是将来领导和单位考评自己最关键的指标，做好这项工作，不但对自己未来的发展是最有价值的，而且也是对单位最有贡献的。

有了这个信念之后，第二次思考时，李雷就想找到"做减法"的方法，他思考了很久，也想到了一些办法。例如，他把购买图书、差旅报销等事宜交给了实习生黄薇薇去做，她虽然能力有限，但做这些事务性的工作还是很胜任的，稍微指导了两次，她就上手了。但是，还有很多工作无法转交，怎么办呢？

李雷想了个办法，他在一个周末的下午，请研究室的两位主任吃饭，以一个晚辈的姿态，向两位领导倾诉了自己的烦恼，同时向他们二人请教：两位日理万机，却游刃有余，都是怎么做到的呢？

两位领导听了李雷的感受后，一方面对自己平时给他布置了太多工作表示愧疚；另一方面也很开心李雷向他们请教，大大方方向他传授了一些工作经验。还有，主任当场表示：借调到人事处一事，就此作罢，他去找人事处的领导协调——李雷是我们研究室的骨干，不能割爱！

这次饭吃得实在是太有成效了。李雷不但学习到了好的工作方法，还让领导对他有了进一步的了解，他终于有更多的时间去做自己认为更重要的事情了，但未来可否继续获得领导的支持，还要看李雷在关键的工作中能不能拿出好的研究报告来。

你的"80%"在哪里？

如何判断自己的80%高绩效在哪里？《80/20法则》这本书里向我们展示了"十大高效时间运用法"，具体包括下面10种情况：

◎ 推进人生目标的事。
◎ 你一直想做的事。
◎ 符合80/20时间结果关系的事。
◎ 用创新法做那些能大幅节省时间且提高品质的事。
◎ 他人告诫你不可能完成的事。
◎ 他人已经在其他领域取得成功的事。
◎ 运用自己创造能力的事。
◎ 别人可以替你做而且降低自身工作强度的事。
◎ 和那些已经超越80/20时间法则，以独特方式运用时间的合作伙伴共同做的事。
◎ 千载难逢或稍纵即逝的事。

大家可以对照这些情况，逐渐找到自己的高绩效区域。

2. 方法二：双流工作法

"双流"是什么？

"双流"的概念是加拿大的斯科特·扬提出的，他提出这个概念是为创造性工作介绍了一种方法，其中"创造的工作流"是指创造的过程，这个过程类似"头脑风暴"，利用发散思维产生有创新的想法；"摧毁的工作流"是指"摧毁一个完善旧想法的过程"，即简化、完善自己的想法，运用批评的思维不断进行改进，甚至是评估。

"流程"和"心流"

我在这里借用了"双流"的概念，让它不但适合创造性工作，而且适合我们大部分的行政事务性工作。这里的"双流"，是指"流程"和"心流"。

所谓"流程"大家都明白。我们要用流程来规范日常的常规工作，完善的流程可以让常规工作的效率大大提升。我们尽量将80%只产生20%效能的工作，用流程来简化和提升效率，使其节约更多的时间。另外，流程工作法还可以避免遗漏和疏忽，完善的流程都是通过多次工作进行的总结，往往是"全面工作手册"，照此执行，我们就不会有"忘记"的事情出现。

课堂冲击波

将非常规工作常规化，需要深入思考其"常规"的理由，以及如何"常规化"。

当然了，还有一些不重要的工作，但并不属于我们的常规工作，怎么办呢？两种方法：第一，将此类工作尽可能归类到现有常规工作流程中，或者新建工作流程，使之流程化。第二，建立工作清单，在清单中穷举所有类似的工作，并标注相应的完成时间，经常检查这个清单，就可以避免疏漏。

至于"心流"，这个词大家也许听说过，但并不十分明白它的意思。

"心流"（flow）一词最早出现在佛教中，尤其是在禅宗里出现的频率较高，主要是指人的一种内心修炼状态。后来这个词被艺术家、运动员使用，也是用来体现他们的专注或忘我的境界。首次将"心流"这个概念提出并试图用科学的方法加以解释的，是心理学家米哈里齐克森·米哈里 (Mihaly Csikszentmihalyi)，他将"心流"定义为一种将个人精神力完全投注在某种活动上的感觉，"心流"产生时同时会有高度的兴奋及充实感。

进入"心流"状态对于工作的益处有很多，可以在短时间内涌现大量想法，可以大大提升工作效率，甚至可以创造性地解决一些平时认为很困难的问题。

> **画外音**
> "心流"状态就是有灵感的状态呗，我们的工作需要灵感吗？

关于"心流"状态的妙处，最著名的大概就是阿基米德发现浮力理论的故事了。

国王让金匠做了一顶纯金的皇冠，可是他怀疑这顶所谓的"纯金皇冠"被金匠掺了假，并不是纯金的了。然而在当时，这样的怀疑并不能被证实，因为不论从重量还是从外观上，这顶皇冠都和真正纯金的别无二致。怎么办呢？国王把这个难题抛给了阿基米德。

阿基米德日思夜想，都没有进展，很是苦恼。

一天，他去澡堂洗澡，一边脱衣服还一边琢磨着皇冠的事情。当他脱完衣服慢慢坐进洗澡池子里时，因为池子里的水太满，溢了出来。他看着溢出来的水，脑子里划过一道闪电，突然大喊一声："我知道了！"赶紧跑回家中，甚至忘了自己是一丝不挂。

阿基米德回到家后，利用水缸里的水，测量出了纯金皇冠的比重，证实了国王的猜测。

这个发现了浮力理论的著名故事，充分展示了处于"心流"状态的人，专注思考一个问题而获得的伟大成就。

进入"双流"状态的秘诀

那么,如何才能进入"心流"状态呢?以下几种技巧也许会对你有帮助。

第一,尽量排除随时可能出现的干扰。关闭手机、网络、远离电话,甚至是远离日常办公地点,都是一种排除干扰的有效手段。我们可以集中精力去思考一件事情,而不必总是被打断。

此外,为了不被头脑中其他未完成的工作所干扰——这些未完成的工作经常会在我们思考重要问题时跳出来,干扰我们的思路,不妨在思考之前,对尚未完成的工作进行简单的梳理,"给大脑一个交代",让大脑明白:那些事情我已经清楚其重要性了,我已经安排了足够的时间去搞定,所以现在我不必考虑它了。

第二,运用目标导向的思考方式。思考问题可以由头脑风暴开始,先进行发散思维;但我们常常会迷失在众多观点中,觉得哪种思路都有道理,进而无法作出判断或选择。这时候就需要"目标导向"的思维,要考虑我们这件事的终极目标究竟是什么?我们的做法是不是符合我们的理念、使命或价值观。目标导向的思考方式,可以确保我们在思考问题时不偏离方向。

> **画外音**
> 好像有点儿"拨开迷雾看见真相"的意思。

第三,经常进行集中思考的训练。利用在等车、等人、坐飞机、上厕所的时间,有目的地对一些问题进行思考,把思考的过程记录下来,总结自己思考的得失和效果,不断反思,就可以逐渐训练出"快速进入心流状态的能力"。

> **课堂冲击波**
> "流程"负责"全面","心流"负责深入,这样方可"点面兼顾"。

用"流程"来保证工作的全面和完整,用"心流"来获得工作的灵感进而提升工作质量,这样的"双流"工作法,是我们每一个人应对诸多工作的好方法,"流程"是面上的覆盖,"心流"是重点的深入,点面结合,可以确保我们不遗漏、不耽误、不平庸、不遗憾。

星期五　狂欢日
Friday 为何找不到成就感？

小季的委屈

李雷的爱人小季，在一家刚刚成立的非营利性组织工作，这家组织人数不多，大概只有15名员工，小季担任办公室主任（其实是"光杆司令"一个，自己又当"伙计"又当"工头"），办公室不但负责这个单位的财务、档案管理、日常杂务等，还负责人力资源工作，具体就是工资发放、奖金分配、团队建设等。

麻雀虽小五脏俱全，这个单位的日常杂事还真不少，小季一个人一会儿公布考勤，一会儿去民政局年审，一会儿找人修理损坏的公物，一会儿又要联系广告公司制作宣传品，忙得不亦乐乎。

可即使是这样，单位的领导还是不满意。他把小季叫到办公室，意味深长地说："小季啊，今年我反复强调员工素质的提升，强调团队建设，可是这大半年过去了，咱们的同事原来什么样，现在还什么样儿，没什么变化。你这个办公室主任，负责人力资源工作，得多考虑考虑啊！"

小季心里很委屈，她回家给老公抱怨："我这个主任，一个助手也没有，同事们哪怕买一个鼠标这么小的事情都要让我去办，我一天忙得连吃饭的时间都没有，哪儿还有时间思考那么多事情啊！再说了，大家也都进行了培训，素质上不去，能赖我吗？"

李雷想起了自己的主任和副主任教给自己的方法，觉得效果不错，于是也分享给爱人。

他首先帮小季分类整理出所有的工作，然后对每项工作进行权重评分，经过这样的梳理，小季很快意识到：自己工作中，最重要的不是日常的杂事，而是队伍建设。

据此，李雷建议小季用"双流工作法"来安排各项事务。小季觉得，日常工作通过流程化，的确可以提高效率。例如，办公物品的购买，不是缺什么买什么，而是提前一次性购买好，谁需要什么，自己去取自己登记即可，反正单位人少，不会有什么大的疏漏；再比如，工资发放固定在每月的某一天，如果有变化，一般不去修改时间，可以下月予以补发，这样就可以提前按照常规做好，不必要反复修改。再比如，联系了一家网络服务公司，要求他们每月固定时间来检修线路和处理办公电器的问题，将突发问题的产生率降到最低；要求这家公司对口24小时服务，服务电话在单位内公布，谁有问题直接联系服务公司即可，不需要再通过办公室。通过这几项流程化的工作，小季的日常工作更加有条理、有效率，又得到了同事们的认可。

剩下的时间，小季就可以深入思考队伍建设的工作该如何进行。她调研了其他单位的做法，学习了一些团队建设的方法，提出了很好的规划，领导非常满意，并支持她在单位大胆开展工作。

3. 方法三："能量补充"法

小张的纠结

还记得李雷的同事小张吗？他虽然从事着研究工作，但他并不像李雷那样，能在工作中找到激情和乐趣。他不喜欢去基层调研，也不喜欢钻研一个个枯燥的理论或复杂的政策。一句话：小张对工作没什么兴趣。现在唯一让小张开心的，就是午休时间，他可以约上几个单位的羽毛球爱好者，一起去打球。

也正是因为缺乏兴趣，小张的工作一直干得马马虎虎。他是一个没有什么想法的人，领导让干什么就干什么。凭着一点聪明劲儿，工作也基本能应付过去，但领导总是不太满意，对他的表扬就少一些，即使有了上升的机会，也不会想到他。

小张因此又觉得委屈，自己虽然没什么功劳，但也有苦劳啊，每天按时上下班，很少请假，加班也不少，领导为什么不赏识自己呢？李雷比自己小好几岁，来单位的时间也比他短，凭什么有荣誉就只想到他？

小张就这样纠结着，一直混到现在，已经38岁了，还没什么事业上的进步。

朋友们，大家看看小张的经历，是不是很熟悉？或许你就是小张，或者你身边有很多小张这样的人。他们不会跳槽，但工作不突出，最重要的是，自己活得很不开心。当你问他究竟想要什么时，他也说不清楚，问急了就会说：我想要很多钱，不再为钱而工作！当你问他：有了很多钱，不再为钱而工作后，你想干什么？他还是回答不出来。

当人们不是因为能力的问题或者是技术层面的问题导致效能低下、不开心时，不妨检查一下自己的各种能量是否充足。

人有哪些能量？

美国培训大师玛格达琳娜·巴克麦尔将史蒂芬·柯维的部分理论总结提炼为"四缸能量"[①]，它们包括：

身体能量——我能再跑 1 公里吗？

心智能量——我的大脑是否处于思考这件事的最佳状态？

精神能量——我是否在按照我的价值观和原则做事？

情感能量——我目前的情感状态是否对我的总能量水平有促进作用？

上述"四缸能量"中，任何一种能量水平降低，都会导致低效能的出现。所以，我们需要定期检查自己的各项能量水平。

小张的情况，很明显，他的精神能量和情感能量都处于低水平的状态，因为他做的工作并不符合自己的价值观，他不喜欢目前的工作，无法投入激情和热爱。

那么小张该如何补充自己的能量呢？

从精神能量的角度来说，他必须"干一行爱一行"，要调整自己的兴趣爱好。

我们都知道，内因是事物发展变化的关键因素，如果对待工作的态度不发生改变，很难有根本性的变化。那么我们如何改变自己对待工作的态度呢？有时候"什么都不要想，先好好干起来"可能比钻牛

> **课堂冲击波**
>
> 有时候，"什么都不要想，先好好干起来"，可能比钻牛角尖儿更有帮助。

[①] ［美］玛格达琳娜·巴克麦尔：《成为高效能人士的 36 种方法》，电子工业出版社 2014 年版，第 9 页。

角尖儿更有帮助。

心理学上有一个"认知不协调"理论。例如，酗酒的人，他其实心里很明白酗酒对身体不好，但是他又没有毅力和勇气戒酒，这样的行为和认知之间不协调的状况会使他变得很痛苦。怎么办呢？戒酒不容易，但是改变观念容易啊，于是，他就对自己和别人讲：我觉得喝酒挺好的，增进和朋友之间的感情，容易让人产生灵感，等等。

"认知不协调"理论反之也成立，就是我们不思考，而是先去做一件事，当这件事产生了积极的作用之后，我们的观念也会随时改变，会觉得这样做是有道理的，是自己喜欢的。

小张也是，通过努力工作改善自己的工作业绩，从而感受到工作的乐趣和价值，慢慢地就会将"精神能量"和"情感能量"补充上来。

4. 方法四：价值归位法

还是小张上面的故事。也许你会说："我试过很多次，但是还是无法从工作中找到乐趣"，怎么办呢？

如果你真的做过这样的尝试，并且觉得不快乐，那么恭喜你！说明你是一个对工作、对生活有幸福追求的人，你需要更深层次的调整。

> **画外音**
> "小张"就是我啊！

小张很难去主动改善自己的工作效能，因为他对工作缺乏基本的兴趣，热爱就更谈不上了。即使迫于压力改善了工作效能，也很难持久，缺乏工作和工作目标的人，很难持续在工作中找到乐趣，一旦遭遇一些工作困难，就很容易放弃。

所谓"高效能"并不单单指工作获得了令人瞩目的业绩，而是指一种"成就体验"，这种体验包含两个层面：第一，你的工作成果给单位或组织的发展带来推动，获得大家的认可；第二，你在这样的工作中获得了快乐幸福的感觉。这两个层面，是高效能的充要条件，缺一不可。获得第一个层面容易，而获得第二个层面很难，如图5-2所示。

工作实效 ＋ 成就感 ＝ 高效能

图 5-2

所以，提升效能最根本的办法在于，统一价值与生活、工作的关系，我们称之为**"价值归位法"**。

我们都知道，哲学层面，最基本的问题是："我是谁？""我从哪里来？""我要到哪里去？"如果你去政府机关拜访一位领导，他们单位门口的保安一定要问你这三个问题。可见，如果我们搞清楚了这三个问题，就可以畅通无阻。本书第 7 部分：星期天，冥想日里，我们也引导大家去找这三个人生问题的终极答案。

在这里，我们想重点说说在工作中如何思考这三个问题。

我是谁？其实就是要明白自己的定位，自己的兴趣爱好，自己在做什么样的工作时可以拥有激情，可以在遇到工作挫折时不忘初心，可以在遭遇困难时坚持不懈。只要对工作拥有了热爱和激情，提升效能就只是技术层面的问题了。

我从哪里来？其实是要认识自己的生存背景，自己曾经的经历带给自己什么样的工作优势和劣势？如何在未来追求理想的时候充分发挥这样的优势？如何规避自己的劣势？

我要到哪里去？就是在认识到自己的理想之后，明白如何绘制自己具体生动的未来蓝图。未来蓝图越具体，越有利于其实现。

那么，具体应该如何回答这三个问题呢？也就是说，如何让自己的价值归位呢？最简单的方法就是：找交集，如图 5-3 所示。

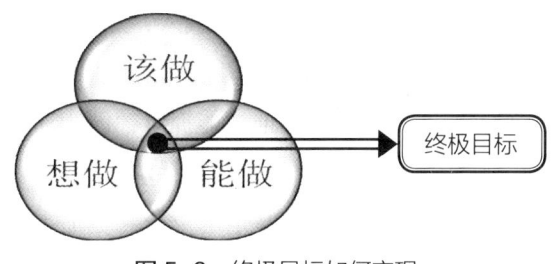

图 5-3 终极目标如何实现

我该做的，是时空背景赋予我的职责；我想做的，承载着我的梦想和激情；我能做的，乃上天赐予我的灵感和天赋。将这三者结合起来，才能保证事情做得好，做得持久，做得有意义。

小张的选择

再来说说小张。小张其实并不喜欢朝九晚五、程式化的工作和生活。他希望过自由自在的生活，他喜欢品咖啡，喜欢运动，喜欢与人打交道，而不是枯燥的政策，因为他不擅长思考抽象问题。

小张的父母都是大学老师，他们已经退休，生活安逸，暂时还身体健康，所以，小张目前还没有守在老人身边照顾的责任和义务；同时，小张的父母也很尊重小张的个人选择，没有要求他一定要做什么工作，在政策研究室工作，纯粹是小张的前女友帮他做的选择——她希望未来的另一半工作体面、稳定。

由此可见，小张未必一定要留在研究室从事现在的工作，既然并不喜欢这份工作，也没有必要一定要留在这里，为什么不去做自己想做的事情呢？

虽然小张目前还不是很明确自己的目标，但是经过深入分析，我们认为，也许小张可以尝试去丽江开一家咖啡馆，每天沉浸在自己喜欢的咖啡中，每天可以和不同的人沟通聊天，也许这才是最适合他的。当然了，咖啡馆是不是一定要开在丽江，也不一定，只要能够找到那种自由自在的状态，其实在哪里都可以，只要是自己喜欢的地方就行，反正现在父母也不需要他守候在身边。

为什么我们鼓励小张大胆地去放弃目前拥有的去寻找自己真正喜欢的？这样做也许会有"失去"的风险，失去稳定的收入，失去看似体面的社会地位，失去爱人的支持。但是，只有这样，小张才有可能统一自己的爱好和职业，才有可能取得职业的大发展，因为这样他才能拥有"内酬动机"。

心理学家认为，在内酬动机驱使下进行的活动或行为，人们往往表现出更加强烈的兴趣、更加多的投入、更加坚定的意志和更加杰出的表现。

星期五　狂欢日
Friday 为何找不到成就感?

一个炎热的夏天，一群工人正在铁路边上辛苦地工作着。这时，一列列车驶过。在列车即将离开时，最后一节车厢的车窗被打开了，车厢里的乘客热情地向这群工人中的一位打招呼："大卫，是你吗？"

"是的，是我。很高兴见到你，约翰！"这位名叫大卫的人是这群工人的头儿。

原来，车厢里的"约翰"就是铁路公司的总裁约翰·墨菲。他和大卫亲热地攀谈了很久之后才握手道别。

大卫告诉自己的工友，他和约翰是在20年前的同一天开始为这条铁路工作的。一位工友开玩笑地问大卫："那为什么约翰已经成为总裁，而你还在这里？"大卫惆怅地回答："23年前，当我只是为了每天1.75美元的薪酬工作时，约翰则是在为这条铁路工作。"

诚如孔子所言：知之者不如好之者，好之者不如乐之者，只有从事那些给自己带来乐趣的工作，才能为幸福的生活加分，才有可能有所成就。

"课间"茶歇

提升效能的4种方法：

◎ 重点突破法：找到自己的"80%"。

◎ 双流工作法："流程"与"心流"。

◎ 能量补充法：身体/心智/精神/情感，你缺的究竟是什么？

◎ 价值归位法：找到终极价值。

课后朋友圈

效能是一种持久做事的能力,关注的是产能和产出的协调一致,而不是单纯只追求某一个方面。

自我效能感是一种关于效能的主观认知,取决于个体对信息的加工模式,加工模式受既有认知模式的影响。

形成自我效能感的途径有三种:成败经验、替代性经验、言语劝导。因此,想提升自我效能感,也必须从这三个方面着手,具体的方法有:归因训练法、榜样分析法、权威评价法。

提升效能的方法有4种:重点突破法、双流工作法、能量补充法、价值归位法。

提升效能、获得幸福的最根本方法是:做自己真正热爱的事情。

课后小作业

回忆自己的工作经历,讲一个运用4种提升效能方法(任意一个都可以)改善自己状态的故事。

Saturday
星期六 休整总结日
我收获了什么？

实训教练：司琨

课前寄语

成功是结果，而不是目的。

——福楼拜

Mon. Tues. Wed. Thur. Fri. **Sat.** Sun.

星期六　休整总结日
Saturday　我收获了什么？

种豆得豆——结果管理

针对人群

职场中只关注自己的投入，忽略产出的人。

课堂逻辑线

结果是什么？——前期预设——中期助力——后期检查。

一、结果的三大误区——你中招了吗？

1. 目标等于结果？

小茜的目标完成了吗？

"嘀嘀嘀……" 6点整，小茜闭着眼，伸手关掉闹钟。在床上赖5分钟，起床、洗漱、穿戴完毕，小茜的一天就这样开始了。挤了一个半小时的地铁，终于到单位了。打开电脑，迅速打开自己的工作日志，作为还在试用期的新手人力资源招聘助理，小茜迫切需要证明自己的工作能力。为此，她制定了详细的试用期工作目标和实施计划。为了能够让自己的目标更明确、更有针对性，小茜查阅了关于目标制定的大量资料，结合自己的实际情况，她制订了自己试用期的第一个月工作计划，如表6-1所示。

小茜在试用期第一个月的工作目标：快速融入办公环境，熟悉业务工作。

表6-1 小茜在试用期的工作目标

序号	目标	实施计划	时间	备注
1	熟悉单位基本情况	通过单位网站与内部材料了解单位的发展详情及定位、文化背景等	预计0.5个工作日	
		规章制度分类了解，重点阅读考勤制度、绩效考核制度、岗位责任制度	预计2—3个工作日	尤其是绩效考核制度，着重了解考核方法及考核标准，查看近3年单位绩效考核材料
		了解单位组织架构、工作流程、部门人员设置，尤其重点了解本部门情况及相关业务部门情况	预计1—2个工作日	可与1、2同时进行；尤其是关于本部门的工作流程
2	确定自己的工作职责及提高招聘实际操练技能	根据岗位责任书列出自己日常工作的要点	预计1个工作日，可能需要后续修改	需要及时和上级主管进行工作职责确认
		了解本部门人员工作分工，重点沟通相关业务负责同事	预计1—2个工作日	
		了解部门常用的招聘工具和面试工具方法（至少4种）	预计7—10个工作日	在了解的基础，需要有实操来锻炼
		电话面试实践（10次）现场面试实践（2次）	预计2—3个工作日	根据部门安排

一个月后，小茜开始审核自己目标，确实完成了，但好像又不是那么回事。公司的发展历程、组织框架、主要业务，小茜都能倒背如流了，自己的工作内容和各项规章制度也都熟记在心，提高工作技能的一些工具和实施计划也都按期完成。但是她觉得自己依然是一个月前的小茜，白纸一张，自己仍然没有真正融入工作中去。苦恼过后，仍然没有找到走出困境的思路。

周末，小茜去参加校友聚会，遇到学姐艾丽。艾丽就职于外企人力资源

星期六　休整总结日
Saturday　我收获了什么?

部，工作3年，现在是招聘主管。小茜趁机和学姐坐在一起，向学姐讨教心得。艾丽耐心听完小茜倾诉后，轻轻地问小茜：你制定的目标想要达成什么样的结果呢？

小茜听完陷入沉思，难道自己设置的目标不就是想要达成的结果吗？

是呀，小茜的工作目标究竟要达成什么样的结果呢？很多新人，刚入职场，热火朝天的满腔情感与抱负，制定了无数的目标，长期目标、中期目标、短期目标，有规划固然好，但是很多时候，自己忽略了你通过制定目标想要达到什么样的结果。因为，在他们的思维里，可能目标就是结果。

> **画外音**
> 目标不等于结果吗？老师，您确定不是在玩文字游戏？

目标真的等同于结果吗？

目标与结果的恩怨纠缠

先目标，后结果。两者是先后次序，目标经过一系列的行为落实后，才有可能实现你想要的结果。正如小茜，工作目标仅仅是对工作预期结果的一种主观设想，而结果是你最终达成的实际工作成效。很多人都将目标与结果混淆，以为自己制定的目标就是执行的结果。

目标可能没有实现，却一定有结果。有多少人喜欢在年初精心制定本年度的目标，每天保证有氧运动1小时、阅读N本书、坚持英文阅读和背单词，等等。但到了年末，又有多少人发现自己一事无成，将目标再写一次，变成下一年目标。只是，自己可能没有意识到：没有达到目标，本身也是一种结果。

> **画外音**
> 工作目标没有完成，那也是一种结果？那是后果，严重的后果。

目标决定结果。一个不切合实际的目标注定不会有一个你想要的结果。有很多职场新人，一开始就制定一个非常"完美"或者是"远大"的目标，结果却与自己的预期相差甚远。所以，量身打造的目标是你取得好结果的第一步。一个刚入职场的销售员，如果立马给自己树立"远大目标"成为公司的首席营销官,估计很快会迷失方向。如果把销售经理作为目标,至少你方向明确,在短期内会看到曙光。

执行孕育结果。在现实生活中,有很多人喜欢制定目标,甚至是"擅长"制定各种目标。但是,制定目标仅仅是一个开始,想让你的目标有"理想"结果,关键点就是看执行。著名的"海尔OEC管理"就是强调"日事日毕,日清日高",提倡员工在确定工作目标后,每天的工作每天完成,每天的工作要清理并且有所提高。这无疑是要求员工要去执行自己的工作目标,否则,目标就沦为空谈。(科普:"海尔OEC管理"内容:O-Overall 全方位;E-Every one/day/thing 每人、每天、每事;C-Control Clear 控制和清理。)

> **课堂冲击波**
> 目标和执行,都是结果的近亲,但结果未必是他们的嫡子。

2. 态度等于结果?

小茜的苦劳领导要照单全收吗?

小茜拿着手机对着桌上的一堆文件,"啪啪啪"地拍了几张照片,发到了朋友圈,配上文字"又要熬夜了,Fighting!"。小茜入职也有大半年了,平时接触核心业务比较少,以筛选简历为主,她心里是有些不服气,觉得自己平时任劳任怨,还经常加班,为什么比自己入职晚的莎莎,却在上个月已经开始独立面试求职者了。"唉!"小茜叹了一口气,抱怨归抱怨,工作还是要做的。

已经晚上十点了,把整理好的数据用邮件发送给经理,收拾好赶快飞奔去赶公交车。虽然很辛苦,但是我相信领导是能够看见我的努力,坐在公交车上的小茜看着车窗外的路灯,心里默默地想着。

第二天,一大早,小茜又是第一个赶到办公室,简单收拾一下,把公共区域的绿植浇上水,坐在桌前,准备开始一天的工作。

星期六　休整总结日
Saturday　我收获了什么？

"小茜，你来下我的办公室。"经理一到办公室就给小茜打了个电话。

小茜有些忐忑，因为她听得出来经理的语气有些不高兴。进了经理办公室，小茜有点心虚，小声地问："怎么了，经理？"

经理有些生气地说："小茜，今天上午十点要开部门经理工作例会，我让你整理的招聘数据，你做好了吗？"

小茜听后，出了一口气，说："我昨晚加班已经把数据整理好了，已经发您邮箱了。"

经理说："我看见了，但是你整理的数据有好几处错误。你过来看一下。"说完，经理将电脑屏幕转向小茜，对着她指出："首先，最基础的错误，你的落款日期还是去年，我想这个数据整理的表格你可能是拷贝去年的模版，但是日期没有改过来。第二，你的数据中出现了重复记录。第三，也是最重要的，我给你的工作任务是数据整理截至本月13号，可是你做的是截至本月3号。"

> **画外音**
> 想起了最近一句流行的话：你只是看起来很努力。

小茜感觉自己的脸有些发烫，但是嘴里还是嘟囔两句："经理，这些错误我承认，但是我也很辛苦，昨晚加班才把这些数据整理好。"

经理皱了下眉，但是语气缓和了一下，说："我肯定你这种努力的态度，但是你的努力有结果吗？因为这些错误，导致开会要汇报的数据无效，所以，你的加班没有任何效果。"

付出说了算还是产出说了算？

不可否认，作为基层人员的小茜和中层领导经理有着不同的关注点。在工作中，小茜关注的是自己的工作量、努力程度，而经理则关注工作的结果。在小茜的潜意识里，她对于工作付出的这种态度就是一种工作结果，她的努力、她的兢兢业业可以抵消工作中出现的问题。

在现实工作中，有很多职场人都喜欢向领导表"苦劳"。"我又加班了，才把这个报告写完"；"我为这个设计熬了多少夜晚"；"我为了这个项目已经很多天没回过家了"……但是，这些人很少考虑：我的这个报告，领导满意吗？我的这个设计，客户满意吗？我负责的这个项目最终为单位盈利多少？甚至，因为自己的纰漏，造成损失时，会有这种抱怨：我没有功劳，也有苦劳呀。互联网上曾经很流行一个段子：为努力喝彩，为结果买单。这句话，反映了现实工作中的"残酷"，企业和领导更多看重的是你工作的结果。

画外音

这就是"你在公司中做什么"和"你在公司中做了什么"之间的区别。

世界著名的管理学家弗雷德蒙德·马利克曾做过一个小测试：当他和管理者会面时，偶尔他们也会有时间一起喝一杯。这时，他会问一个问题：你在公司中做什么？那些管理者无一例外地会回答其具体工作（当然这些回答都是在预料之中）。接下来就有意思了，大约有八成的管理者会开始描述他们的工作是如何努力、如何投入、如何承受着巨大压力、碰到了多少麻烦等等，只有约两成的管理者在介绍完自身工作后会谈论他们的工作结果。

正如弗雷德蒙德·马利克在《管理成就生活》一书中指出："在思维方式中（很可能也在行动中），大部分人更关注投入，而不是产出。"而在现实工作中，你的领导需要你反馈的恰恰是这种"产出"，而非你的"投入"。

某世界500强的信息技术公司，在20世纪90年代初，曾经年度亏损达到将近50亿美元，这是当时在美国历史上最大的公司年损失。当年，新上任的首席执行官临危受命，开始大刀阔斧进行改革。他上任后的一个重大举措就是裁员，至少有35000名员工被辞退。裁员完成以后，他对留下来的员工说道："有些人总是抱怨，自己为公司工作了很多年，没有功劳也有苦劳，但薪水却还是那么少，职位升迁得也太慢。只是，那些抱怨的人，你想要多拿薪水，你要想升迁得快，你就应该多拿出点成绩给我看看，你就得给我创造出更多的效益。现在，甚至你是否能够继续留任，都要看你的表现！业绩是你唯一的证明！"裁汰冗员为该公司重新焕发了活力，也激发了员工的危机感。在他上任的第二年年底，该公司获得了自90年代以来的第一次赢利，30亿美元。

员工对于组织机构来说，最重要的不是你的学历、能力又或是你的努力，而是这些综合在一起"产出"的结果是什么？这些结果有可能是组织最需要的"动力"。也许，你在销售行业，显著的业绩能为组织提供资金的动力。也许，你在科研领域，超前的科研成果能为组织提供创新的动力。而你前期的"投入"：熬夜加班、诸多麻烦、承受的压力等也只是组织考核的一个附加值，是你"产出"结果的附加值。

3. 任务等于结果？

小茜的醒悟：有价值的结果，才是真结果

小茜走出办公室，虽然感觉有些无奈，但是不可否认，经理说的那些话很有道理。自己纵然很努力，但是没有人会为你的努力买单，没有结果，你的努力不值一文。

吃完午饭，小茜一人坐在休息间喝着咖啡，脑子里还在想着今天早上经理的话。"小茜，想什么呢？"莎莎走进来，笑着问小茜。莎莎比小茜晚入职一个月，但现在已经开始面试求职者，而且经理不止一次在部门会议中夸奖莎莎。但是，小茜心里是有点儿不服气，她觉得自己和莎莎一样努力，按时完成工作，但是为什么在领导眼中就只看见了莎莎的能力。

> **课堂冲击波**
>
> 用"产出"思维代替"投入"思维。

两人在休息室中开始聊天。小茜有些羡慕地说："你讲讲你平日都是怎么工作的，领导经常夸奖你。我很期望能去做面试官，但是无奈现在还在筛选简历、通知面试的阶段。"

莎莎听完，想了一下，问道："你平时都是怎么通知求职者来面试的？"

小茜说："打电话通知呀，面试时间、地点这些基本信息都会告知求职者。"

莎莎摇了下头，说："我是这么做的，首先打电话通知基本信息，而且要询问对方当天是否有时间来参加面试，如果时间不允许，征求领导意见后再另行通知。打完电话，我一般还会通过短信或邮件的方式将这些基本信息发送给求职者，通常还会附加上路线。面试前一天，会再次和求职者联系，确保第二天的面试能够如期举行。"

小茜有些不解："我们需要做这么多吗？我们的工作内容不就是打电话通知求职者过来面试吗？"

莎莎说："是，这是工作内容，但是我们向领导汇报工作时，不是只说通知了多少人来面试，领导需要的是结果。部门的工作重点是由上而下的分解，但是工作的结果却是由下向上反馈。领导需要我们反馈的工作是要有价值的结果。"

有很多人向领导汇报工作时，喜欢将一项工作从头到尾描述一遍，对于领导来说，最想听的不是你的工作过程，而是你的工作结果。领导需要从你的工作结果中得到有价值的信息，而不是简单陈述我做了……如果你是领导，你喜欢听"经理，已经电话通知周五需要面试的所有人员了"，还是"经理，已经电话通知周五需要面试的8名人员，经确认有6名当天准时到场"？

摆脱"完成任务"的迷惑

作为一名人力资源专员，在筛选简历时，经常会看见很多求职者在简历中只列出自己以前从事过的工作内容，又或是担任过什么样的重要职位，但是很少有人会把自己在这份工作或这个岗位上取得过傲人的成果写出来。大多数人如同小茜一样，仅仅是将自己的工作内容或是工作任务作为工作的一种结果。

星期六　休整总结日
Saturday　我收获了什么？

在工作中，你可能听过这样的抱怨：我们一起进公司，凭什么某某的职位比我高，又或是薪水比我高，不过是比我会拍领导"马屁"罢了。往往抱怨的这些人在工作中抱着"差不多"的心态，对待工作应付了事，走走过场。只是在执行工作的流程，而没有要求工作的结果。

> **课堂冲击波**
>
> 我们需要反馈的，必须是有价值的结果，而不是辛苦的过程。

德国作家布鲁德·克里斯蒂安斯所曾经写过一篇微型小说——《差别》。

两个同龄的年轻人同时受雇于一家店铺，并且拿同样的薪水。可是叫阿诺德的小伙子青云直上，而那个叫布鲁诺的仍在原地踏步。对此他很不满意老板的不公正待遇。终于有一天他到老板那儿发牢骚了。老板一边耐心地听着他的抱怨，一边在心里盘算着怎样向他解释清楚他和阿诺德之间的差别。

"布鲁诺先生，"老板开口说话了，"您到集市上去一下，看看今天早上有什么卖的。"

布鲁诺从集市上回来向老板汇报说，今早到现在集市上只有一个农民拉了一车土豆在卖。

"有多少？"老板问。

布鲁诺赶快戴上帽子又跑到集上，然后回来告诉老板一共有40袋土豆。

"价格是多少？"

布鲁诺又第三次跑到集市上问来了价钱。

"好吧，"老板对他说，"现在请你坐在这把椅子上一句话也不要说，看看别人怎么说。"

老板让人叫来阿诺德，也叫他到集市看看有什么卖的。

阿诺德很快就从集市上回来了，并汇报说到现在为止只有一个农民在卖土豆，一共是40袋，价格是多少多少；土豆质量很不错，他带回来一个让老板看看。这个农民一个钟头以后还会弄来几箱西红柿，据他看价格非常公道。昨天他们铺子的西红柿卖得很快，库存已经不多了。他想这么便宜的西红柿老板肯定会要进一些的，所以他不仅带回了一个西红柿样品，而且把那个农民也带来了，他现在正在外面等回话呢。

此时，老板转向布鲁诺，说："现在您肯定知道为什么阿诺德的薪水比您高了吧？"

通过这个故事可以看出，在职场上有很多员工对工作的态度就像布鲁诺一样，将自己的工作仅仅是停留在"完成"层面，而不追求结果。很多时候，你完成了工作任务，为什么领导还是不满意？关键就在于，没有体现出"结果"，被"完成"任务给迷惑了。

"课间"茶歇

你以为这些是结果吗？

◎ 目标决定结果，但目标不是结果。

◎ 态度与结果相爱，但并不一定会融为一体。

◎ 学会让产出说话，而不是付出。

◎ 有价值的结果，才是真结果。

◎ 摆脱"完成任务"的迷惑，才有可能找到结果的真相。

二、结果预设三要素

1. 和你的结果"约法三章"

小茜开始认真地思考，在工作中期望什么样的结果？小茜首先翻出自己下周工作计划，当然这半年来，自己一直也是以这种形式来计划工作。但是，效果不是很明显，她总觉得自己的工作就像小张说的一样，完成的都是工作任务，而没有一个明确的结果反馈。

序号	工作
1	10月招聘数据整合
2	8—10月招聘结果评估
3	通知上周筛选简历确定面试名单的人员（面试时间为11月11日下午）
4	查阅简历

如果简单地去评判，很难看出自己的工作到底有什么样的结果，或者说是否是达到有效的结果。

她听取莎莎的建议，为自己的工作结果设计了量化指标。

序号	工作	量化指标
1	10月招聘数据整合	10月各职位简历投递数，电话通知面试数，一面数，二面数，实际到岗人数
2	8—10月招聘结果评估	各月应聘比、录用比、招聘完成比
3	通知上周筛选简历确定面试名单的人员（面试时间为11月11日下午）	7人
4	查阅简历	11月7—10日中午12:00所有简历

其次，小茜觉得，任何一项工作任务或计划都应该有时间限制，自己虽然列出一周工作计划，但是对每项工作计划没有作出时间限制，没有对工作作出一个时间上的优先划分。如果没有时间限制，那么很难控制结果进程。所以她将自己的计划表调整为：

序号	工作	量化指标	完成时间截点
1	10月招聘数据整合	10月各职位简历投递数，电话通知面试数，一面数，二面数，实际到岗人数	11月7日下班前
2	8—10月招聘结果评估	各月应聘比、录用比、招聘完成比	11月9日下班前
3	通知上周筛选简历确定面试名单的人员（面试时间为11月11日下午）	7人	11月8日中午12:00
4	查阅简历	11月7—10日中午12:00所有简历	11月11日中午12:00

但小茜好像还觉得少些什么，她想起莎莎的话，上级需要我们汇报的是结果。所以，她为自己的工作预设结果，小茜觉得在结果思维的指导下，自己努力工作会有更高效的回报。

序号	工作	量化指标	完成时间截点	价值信息
1	10月招聘数据整合	10月各职位简历投递数，电话通知面试数，一面数，二面数，实际到岗人数	11月7日下班前	得出10月的应聘比、录用比、招聘完成比
2	8—10月招聘结果评估	各月应聘比、录用比、招聘完成比	11月9日下班前	直接反应部门8—10月份招聘工作的有效性，通过数据分析对比，找出问题，改进招聘工作
3	通知上周筛选简历确定面试名单的人员（面试时间为11月11日下午）	7人	11月8日中午12:00	确定7人是否能够全部参加当天面试
4	查阅及筛选简历	11月7—10日中午12:00所有简历	11月11日中午12:00	为下周面试做人员储备

通过上述案例可以看出，当你还没有想到自己的工作结果时，建议你可以从三个方面来为自己的工作做个结果预设，即你的工作结果必须有标准衡

量、有时间限制、有可用价值。工作结果首先需要有标准衡量，只有工作内容，却没有量化的标准，怎么才能衡量工作结果是否达到了你的预期呢？除此之外，我们的工作计划都需要一个时间限制，这样有利于我们合理分配工作任务，保证工作结果进程。最重要一点，我们做的每项工作结果要包含价值因素。对自己，对工作，对上级都要体现出能够利用的价值信息。

2. 用"做到"思维代替"做完"思维

很多员工在工作时，前期没有经过缜密思考、分析，一头扎进去，埋头苦干，等到工作完成后，其工作结果却又不能令领导满意。关键在于，你对于自己的工作没有一个结果预设。

在维克多·弗洛姆的期望理论三要素中，有一个要素是功用性，"如果我的表现在这个水平，我将得到什么结果？"在一开始，你就用将来完成时态来要求自己，而不是自问：我想要什么结果？

关于工作量化，很容易会出现极端现象。一种是觉得工作没法量化，其实能够量化的工作比你想象的要多得多，只是很多人不知道该怎么去量化工作。比如，很多单位的办公室行政人员需要做部门季度或年度预算，怎么来细化这项工作内容呢？首先可以列出本部门的支出类别，如交通费、劳务费、餐费、办公用品费、印刷费、邮寄费、差旅费，等等，然后将每种支出类别按办公室实际情况和支出标准进行预测。

工作量化的另一种极端现象，认为凡是能够容易量化的工作都是非常重要的；相反就不重要。在很多公司中，销售额、生产率、市场占有率都作为重要的量化对象。但是，顾客满意度、服务创新、品牌的影响力，等等，这些不容易被量化的对象同样很重要。尤其是在非商业组织中，这种不容易被量化的对象对组织来说更为重要。我们需要注意的是，要尽可能的量化，但又不能走极端，忽视那些同等重要却又不容易被量化的事情。

> **画外音**
>
> 简单的量化，让我们在工作中迷失了，忘记了什么是真正的目的。

有些人抱怨自己在一周总结或是月底总结时，发现自己还有几项工作没做完，就是因为对自己的工作没有明确的时间规划或是时间限制。没有时间限制，很容易造成工作拖延、多项工作同时进行、不能聚焦重要工作，等等，等到总结时，发现自己的很多工作都没有按时完成。

很多人对于工作的结果还停留在"我做完了……"而不是"我做到了……"比如，"10月份的招聘数据我都整理完了"与"我通过10月份的招聘数据整理，做到了该月份的应聘比、录用比、招聘完成比的数据统计"，领导肯定喜欢听到后者的工作汇报。预设结果时要明白这项工作潜在的价值信息，即你通过这项工作能为部门或上级、自己提供有效的信息。

"课间"茶歇

如何确保真正的"结果"？

◎ 和你的结果"约法三章"：标准衡量、时间限制、可用价值三者缺一不可。

◎ 用"做到"思维代替"完成"思维，你会看到结果和付出之间的差别。

星期六　休整总结日
Saturday　我收获了什么？

三、促成结果的三助力

1. 时间都去哪儿了？

做完结果预设，小茜按照自己的规划开始工作。根据自己一周计划，周一（11月7日）的主要工作是整理10月份招聘数据整合，根据自己对这项工作的结果预设，她在上班前列出了当天的时间表。

11月7日	工作内容	完成要求
9：00—10：30	10月简历投递数据统计	每个招聘岗位简历投递数据（13个岗位），及各岗位求职人的基本信息（姓名、性别、年龄、工作经验、毕业院校及专业、学历）
10：30—12：00	一面数据统计	各岗位一面通知人员数量、名单；实际到场面试人员数量、名单、面试反馈
12：00—13：30	午饭、休息时间	
13：30—14：30	二面数据统计	各岗位二面通知人员数量、名单；实际到场面试人员数量、名单、面试反馈
14：30—15：00	实际到岗人数统计	各招聘岗位到岗人数数量及名单
15：00—16：00	10月招聘数据核算	10月的应聘比、录用比、招聘完成比
16：00—17：00	查看当天简历投递情况	视当天工作情况而定
17：00—17：30	一天工作总结	今天工作的完成情况

上午10点，小茜收到经理邮件：因为周五要开中层会议，需要一些文件，请小茜去档案室将这些文件找出来，中午11点半之前，送到她办公室。小茜将文件清单打印出来，心想：就4份文件应该不会浪费很长时间。以最快的速度，去档案室，15分钟搞定，将所有文件交给经理。

"刚才做到哪了？"小茜坐下来心想。整理好头绪，重新投入自己的工作节奏中。

上午11点半，同事丹娜走过来，"小茜，麻烦你一下，你能帮我找份马丁的简历吗？他投递了企划部的主管岗位，我不小心把简历删除了，你能在系统上帮我再下载一份吗？"

小茜没多想就说："不就是下载份简历嘛。"小茜立马打开系统开始操作……

下午2点半，接到综合办公室的调查问卷邮件，征集年终晚会举办相关事宜的意见与建议……小茜认真仔细地填完问卷，一看表，3点了……

下午5点，小茜开始总结今天工作……悲剧了，她发现有一半的工作还在进展中，问题出在哪了？

2. 解除"多任务"的魔咒

我们在工作中经常要处理很多不同的事情，甚至是同时要应对很多项工作，工作没有结果，很多时候并不是因为努力程度不够，而是精力分散。

美国犹他州州立大学（Utah State University）的心理学教授大卫·桑邦马特苏（David Sanbonmatsu）教授和大卫·斯特雷耶（David Strayer）教授让310名本科生完成一系列测验和问卷，以测量学生的多任务操作能力。学生在进行简单问题解决活动的同时接受分析——同时参与多种形式的媒体活动或者开车时打手机。研究发现学生对于他们的多任务水平的认识有所夸大。70%的人将自己归类于多任务能手。

> **课堂冲击波**
>
> 同时进行多项工作，不代表效率高，而是代表我们缺乏排除干扰的能力。

研究发现个人之所以进行多任务活动，并不是因为他们觉得自己在有效率地完成什么事情，而是因为他们缺乏能力排除干扰，专注于单个任务。开车的同时玩手机这种多任务活动"与感官刺激寻求活动紧密相关，表明有些人多任务是因为这更刺激，更有趣和更有挑战，也相对更不容易无聊"。

> **画外音**
>
> 看来，专注才是王道啊！

颇为讽刺的是，在多任务活动测试中取得高分的25%的人，他们几乎从不进行多任务，而这也允许他们投入更多的注意力在眼下的问题上。这里的讽刺点在于，如果你希望擅长多任务活动，那么不要常常进行多任务活动。

因此，你在工作中必须专注关键点。很多卓有成效的成功人士都是全神贯注于一件事、一项任务，又或是一个问题。

但是，在现实工作中经常会遇见小茜的现象，当你正在埋头工作时，领导会临时给你分配任务，同事可能会向你寻求帮助，一个工作做到一半被打断，然后转而去做另一项工作。卡内基梅隆大学的心理学家大卫·克雷斯韦尔曾指出：大脑一次最多可以保存七条信息。如果你转而去做其他，这些已有信息被打扰，就需要重新获取了。所以，会造成你的工作效率低，直接导致自己的工作不出结果。这个时候该怎么办呢？

寻找聚焦点

你要清楚认识到，你某项工作中的聚焦点在哪？如何找到聚焦点呢？首先，你需要把某项工作进行分解，比如上述小茜的一项工作任务是"10月招聘数据整合"，她希望的结果是"得出10月的应聘比、录用比、招聘完成比"，她将该项工作分解为：10月份简历投递数据统计、一面数据统计、二面数据统计、实际到岗人数统计、10月招聘数据核算。在她的日程安排里，她任务分解的顺序准备依次完成。

> **画外音**
> 我可以做到：聚焦点的寻找需要两步：第一，分解工作；第二，根据结果预设去发掘。

其实，如何在小茜这些工作分解模块中找到聚焦点，重点要看她的结果预设，她主要希望这项工作能够"得出10月的应聘比、录用比、招聘完成比"，那么这些结果预设需要哪些数据支撑呢？

应聘比 = 应聘人数 / 计划招聘人数 ×100%；

录用人数录用比 = 录用人数 / 应聘人数 ×100%；

招聘完成比 = 录用人数 / 计划招聘人数 ×100%。

从这几个概念可以看出，计划招聘人数、应聘人数、录用人数三个数据是必不可少的。因此，在她的工作任务分解中，涉及这三个数据信息的工作时间是尽量要保证不被打扰。

适当拒绝

除此之外,在日常工作中,如果希望你的工作能够按时出结果,请适当拒绝。职场上不乏有很多"老好人",这些"老好人",通常指那些工作上配合度极高,有求必应,对他人的要求永远无法拒绝,对上司交代的任务唯命是从,经常帮助同事解决各种琐事,是他人眼中好用的"便利贴",甚至将其他人的请求置在自己的工作需求之上。"老好人"工作模式最直接的结果就是被应接不暇的求助使自己原本的工作计划被完全打乱,加班更是成了家常便饭,自己的工作不能如期完成。

> **画外音**
> 老师们怎么都讲"拒绝"啊!你们以为那么容易!

摒弃"老好人"工作模式,首先要明确自己的职场目标,即你在职场中的需求、发展方向与能力要求。如果是本职工作上的帮助,而且在精力能兼顾的条件下,适时的帮助,多积累一些工作经验,对自身能力的提高也是有帮助的。其次,要心态端正,很多人由于对自己个体价值的缺乏信心,渴望用迎合别人的"帮助"来换取外来的肯定。再次是要注意沟通,拒绝不是简单地回答"yes"与"no"的问题,而是双方的一种沟通过程。回答"no",其实就是在与对方沟通解决问题,让对方了解你实际的工作情况。

比如,小茜在遇到同事丹娜的求助时,可以这样沟通:

首先,复述对方要求。小茜:你是需要我从系统上下载马丁的简历吗?

其次,表明自己的实际工作情况。小茜:你是需要我从系统上下载简历吗?但是,我现在正在整理10月份的招聘数据,今天下午4点之前就得完成。

最后,提出替代方案。小茜:你是需要我从系统上下载马丁的简历吗?但是,我现在正在整理10月份的招聘数据,今天下午4点之前就得完成。我在中午休息时间下载,尽快电邮给你,你看这样可以吗?

消除"假重点"

在我们日常工作中，有很多工作表面上看起来很重要，但却占用了我们很多时间与精力。对于这些工作，我们要进行分类和实施时间限制。管理大师彼得·德鲁克曾经说过：有效的管理者是重要的事情先做，那么后做的是什么呢？很多人会回答：次要的事情。答案不是"次要的事情"，而是"根本不做"。比如，有些工作看似很紧急，会给我们造成"这项工作很重要"的错觉。很多人在实际工作中很难把控这些假重点工作，甚至是被这些"假重点"工作打断重要工作思路，甚至将重要的精力和多数时间都投入这些"假重点"工作中。

> **课堂冲击波**
>
> 次要的事情不是"有时间再做"，而是"根本不做"。

怎样才能消除这些"假重点"工作呢？首先，你的重要工作目标要少之又少。很多人认为，重要工作目标制定得越多越好，因为这样看起来，你的工作很"繁忙"，你在团队中的作用很"重要"。其实，太多的重要工作，反而会使你分不清主次，在众多的"重要工作"中迷失自己。其次，在工作中时刻保持结果思维，切勿抱着以形式取代了内容，只注重表面的大量投入，而忽略了工作的实际产出。通常，这些"假重点"工作的产出绝对小于你的投入。

"课间"茶歇

谁会帮助你抵达结果的彼岸?

◎ 时间,挖出让时间流逝的真凶。标准衡量、时间限制、可用价值三者缺一不可。

◎ 解除"多任务"魔咒:寻找聚焦点、拒绝、消除"假重点"。

星期六　休整总结日
Saturday　我收获了什么？

四、Check你的结果

1. 和"结果"约会

首先，从工作目标看，自己设定有量化指标，并且很明白**"我期望的结果是什么？"**。

11月11日是"光棍节"，很多同事都在这天准时下班，逛街、聚餐、K歌，开始庆祝这个新兴节日。小茜却拒绝了好友的邀请，仍然选择加班。不同的是，这次加班不是工作，而是总结。虽然，自己前不久在工作中开始预设结果，并按计划执行，但是小茜觉得有必要检查一下自己的工作成效。

序号	工作	量化指标	完成时间截点	价值信息
1	10月招聘数据整合	10月各职位简历投递数，电话通知面试数，一面数，二面数，实际到岗人数	11月7日下班前	得出10月的应聘比、录用比、招聘完成比
2	8—10月招聘结果评估	各月应聘比、录用比、招聘完成比	11月9日下班前	直接反应部门8—10月份招聘工作的有效性，通过数据分析对比，找出问题，改进招聘工作
3	通知上周筛选简历确定面试名单的人员（面试时间为11月11日下午）	7人	11月8日中午12:00	确定7人是否能够全部参加当天面试
4	查阅及筛选简历	11月7—10日中午查阅完所有简历	11月11日中午12:00	为下周面试做人员储备

其次，衡量指标——"我得到的实际结果是什么？"。

序号	工作	量化指标	完成时间截点	价值信息	完成情况
1	10月招聘数据整合	10月各职位简历投递数，电话通知面试数，一面数，二面数，实际到岗人数	11月7日下班前	得出10月的应聘比、录用比、招聘完成比	11月8日上午完成
2	8—10月招聘结果评估	各月应聘比、录用比、招聘完成比	11月9日下班前	直接反应部门8—10月份招聘工作的有效性，通过数据分析对比，找出问题，改进招聘工作	11月10日下班前完成，并撰写完成8—10月分招聘总结报告
3	通知上周筛选简历确定面试名单的人员（面试时间为11月11日下午）	7人	11月8日中午12点	确定7人是否能够全部参加当天面试	按时完成，已确认7人当天都能参加面试
4	查阅及筛选简历	11月7—11日中午12:00所有简历	11月11日下午4点	为下周面试做人员储备	部分完成，目前只筛选了11月7—9日的简历

第三，对比——"我的期望和实际的结果有什么不同？"。

很明显，小茜有一项重要工作没有完成，一项工作按时完成，两项工作虽然达到了想要的结果，但是耗费了更多的时间。对此，小茜开始分析自己出现工作延迟完成、未完成的原因。

工作	出现问题	原因	追根
10月招聘数据整合	延迟完成，比预期晚半个工作日	工作中断，帮领导、同事做其他工作	工作主次不分、时间分配不合理（没有工作弹性时间）
8—10月招聘结果评估	延迟完成，比预期晚一个工作日	前项工作延迟完成，占用半个工作日。工作中断，做了一些琐事	
查阅及筛选简历	未完成	前项工作延迟完成，占用一个工作日	

下一步该怎么办呢？

2. "戴明循环"：对接结果和目标

很多人喜欢制定一个又一个的目标，却没有定期检查自己工作结果的习惯。日复一日，回头一看，自己仍旧站在原地。网上有这么一个段子：一个人跑去问老板"我都有10年工作经验了，您为什么不给我涨薪水呢？"老板回答："你是有10年工作经验呢，还是把1年工作经验用了10年？"相信，在我们身边，会有这样的同事，拒绝成长。及时对自己的工作成果做检查，是自己在工作中成长的重要一步。对自己的工作成果检查后，该怎么做呢？

> **课堂冲击波**
>
> 有的人工作10年，也只有1年的工作经验，只是将1年的工作经验重复10年而已。

管理学中有一个通用模型，PDCA循环又叫"戴明循环"。第一章"目标管理"中，我们提到了这个概念。

"戴明循环"是一个持续改进模型，它包括持续改进与不断学习的四个循环反复的步骤。PDCA四个英文字母及其在PDCA循环中所代表的含义如下：

P（Plan）——计划，确定方针和目标，确定活动计划（小茜的一周工作有详细的目标和计划）；

D（Do）——执行，实地去做，实现计划中的内容（小茜对自己的每天工作量和时间都有计划分配）；

C（Check）——检查，总结执行计划的结果，从结果中找出问题（一周结束后，小茜对自己的一周工作进行检查和总结，找出自己工作没有按时完成的问题所在）；

A（Action）——行动，对总结检查的结果进行处理，成功的经验加以肯定并适当推广、标准化；失败的教训加以总结，以免重现，没有解决的问题放到下一个 PDCA 循环（小茜需要认真考虑的是最后一步——Action，如果仅仅是只检查出问题，而没有实际改善的行动，那么对于这次工作结果的检查毫无意义）。

正如小茜上述对工作结果产生的问题进行了简单分析，那么下一步，可以根据 PDCA 循环衍生出的八个步骤，进行下一轮的工作目标或计划的制定与执行。

PDCA循环的八个步骤

（1）**分析现状、发现问题**。定期梳理工作状况，及时发现工作中存在的问题。小茜目前的工作中出现的问题是重要工作经常中断，被琐事缠身。

（2）**分析影响因素**。自身因素：工作主次不分、时间分配不合理，如没有工作弹性时间；外界因素：工作中存在多个干扰源，如非重要邮件、同事请求帮忙、领导紧急下派任务。

（3）**分析主要因素**。主要因素在于自身没有找出合适的工作方法。例如，聚焦关键工作、提高沟通能力学会拒绝、消除"假重点"工作等。

（4）**采取措施**。针对自己分析的工作中存在问题的主要因素，制定相关改善措施。在制定措施时，要考虑以下几个重要问题：我们制定这个措施是为了什么？这些措施要达到什么样的结果？怎样开展？例如，小茜可以从目标管理、时间管理、效能管理入手，考虑解决自己的工作问题。

（5）**执行**。按照措施计划的要求去做，开始执行。比如可以参照时间管理的一些工具，"四象限"法则、要事优先法则等。

（6）**检查**。把执行结果与要求达到的目标进行对比，认真检查计划的执行结果。在这里提醒大家，一定根据自己的实际工作情况，为自己的工作设定检查周期，如果不设定检查周期，那么 PDCA 循环将没有任何意义。

（7）标准化。把成功的经验总结出来，制定相应的标准，在下一个 PDCA 循环过程中使用。正如，爱德华·桑戴克和斯金纳创立的强化理论指出：具有正面结果的行为倾向于被重复。

（8）把没有解决或新出现的问题转入下一个 PDCA 循环中去解决。PDCA 循环的四个过程不是运行一次就完结，而是周而复始地进行。一个循环结束了，可能会发现一些问题，找出方案或措施解决问题。但是，有可能只是解决了一部分问题，还有问题在这一个过程中没有显示出，或者没有解决，又或是出现了新的问题。因此，必须经过下一个 PDCA 循环，依此类推。

PDCA 循环可以帮助你发现与解决工作问题，可以帮助你不断完善自己的整个工作流程，优化你的工作结果。而且 PDCA 循环不是停留在一个水平上的循环，不断解决问题的过程就是水平逐步上升的过程，同时，也是你在工作中不断进步的过程。

"课间"茶歇

检查你的结果:

◎ 和你的结果约会。用量化的目标眺望结果、衡量指标反思结果、对比目标与结构的差距。

◎ 用PDCA循环串联起目标和结果,调整目标、完善流程、优化结果。

五、走在"由N到1"的路上

1. "关注结果"的结果

一个月过去了，小茜发现自己加班的次数越来越少了，领导的表扬也越来越多了，自己的那些抱怨早已烟消云散，因为在小茜的心里，开始坚定一种信念——我要结果。1、2、3、4……N个工作结果的积累，成就了她今天的小进步。

年底绩效考核时，部门经理找小茜谈话："首先要表扬你最近的工作成绩，不但工作效率提高，而且工作非常有效果。和前几月比，看见了一个成长的你，希望你在明年能够迅速成为部门招聘环节的骨干。"

2. 三招成全十年后的自己

你有设想过十年后的自己吗？

销售员说："那时候的我，希望已经坐在总监的位置上了"；

程序员说："十年后，我要坐上头把交椅，哈哈哈"；

在读博士说："十年后吗？当一名教授吧"；

创业者说："我希望那个时候，我的咖啡书屋能够拥有至少四家分店"；

……

如果有时光机，我也想穿越时空，看看十年后的自己，是否已经实现了财务自由（我知道，这个目标，我制定的不切实际）……

著名诗人歌德曾经说过：向着某一天终要达到的那个终极目标迈步还不够，还要把每一步骤看成目标，使它作为步骤而起作用。结果如是，一个"大"结果需要N个结果的积累，引发质变，成就十年后的你。

在这期间，一不留神，你可能会打个盹，偷个懒，甚至是遇到拖延症女神……所以，要想拥有四间咖啡书屋，你可能首先得需要有强大的**意志力**。在这里，需要重提老生常谈的"棉花糖实验"。

棉花糖实验（Stanford Marshmallow Experiment）是斯坦福大学 Walter Mischel 博士 1966 年到 1970 年代早期在幼儿园进行的有关自制力的一系列心理学经典实验。在这些实验中，小孩子可以选择一样奖励（有时是棉花糖，也可以是曲奇饼、巧克力等），或者选择等待一段时间直到实验者返回房间（通常为 15 分钟），得到相同的两个奖励。在后来的研究中，研究者发现能为偏爱的奖励坚持忍耐更长时间的小孩子通常具有更好的人生表现。

取得"大"结果的过程，无疑是一个漫长的过程，在拥有意志力的同时，你要时刻保持**反思**的心态。反思不仅仅是需要你去发现问题，更重要的核心是要找出你的优势和不足。

从宗教领域衍生出的回馈分析法，是你保持反思心态的一个良好工具。回馈分析法的方法是：每当作出重大决策，采取重要行动时，都要事先写下你所预期的结果。9—12 个月以后，再将实际的结果与预期的结果进行对比。通过这种简单的方法，在相当短的时间内（也许在两三年内），你可以发现自己的优势所在，可以胜任哪些工作，同样也能发现自己的不足，改正自己的不良习惯。

> **画外音**
> 理性思维可以帮你分析问题，而非理性的力量可以帮你逆流而上解决问题。

有人说理性思维只能帮你分析问题，而非理性的力量可以帮你逆流而上解决问题，这也许就是——**精神激励**。俞敏洪在 2014 年"大学生创业高峰论坛"上，曾讲道："我跟徐小平一起演讲的时候，我们讲的一万句话中，只要有一句话打动下面某一个人，这个人的心灵被我们打动，唤醒了曾经的梦想，从此坚持自己内心的追求，我觉得我们的使命就完成了。我们不期望一堂讲座把现场的 6000 个同学全部都唤醒，但是你们中坐着的肯定会有一个"马云"，有一个"李彦宏"，有一个"徐小平"，有一个"俞敏洪"，可能恰恰就坐在你们中间，被我们几句话唤醒了，从此执着于自己的梦想，执着于自己的内心，再也不去关注外界的任何眼光和别人对你的看法，也许你就成功了。"精神激励，有时候犹如一股神秘骑兵，在你无助、彷徨，也许离结果还有 1% 时，就能推你一把。

走在由"N"到"1"的路上，是你认识自我、实现自我管理的过程。"1"是结果，也是下一个开始。

"课间"茶歇

检查你的结果：

◎ 关注结果，会带给你意外的结果。

◎ 用三招来不断积累结果的正能量：意志力、不断反思、精神激励，不妨逐一试试。

课后朋友圈

结果的三大误区：目标等于结果、态度等于结果、任务等于结果

结果预设三要素：衡量标准、时间限制、价值信息

促成结果三助力：寻找聚焦点、适当拒绝、消除假重点

检查结果：PDCA 循环

结果积累：意志力、反思、精神激励

课后小作业

列出上周工作任务及实施情况，根据 PDCA 循环的八个步骤对自己上周工作结果进行检查。

Sunday
星期天 冥想日
汇聚能量
再起航

实训教练：翁琨

课前寄语

所有的欲望最终都是循环的，狼吞虎咽让食欲更加强烈，让人误以为生命中缺少的不是意义目标，而是一块布朗尼。

——莱昂内尔·施莱弗

Mon. Tues. Wed. Thur. Fri. Sat. **Sun.**

星期天　冥想日
Sunday　汇聚能量
再起航

你需要认识的你自己

针对人群

希望成长却不知如何开始的每一个你。

课堂逻辑线

为什么需要重新认识自我——自我认知的方法——用自我认知促进职业发展——找到自己、找到爱、找到幸福。

　　设定目标，通过时间管理、情绪管理、学习管理、效能管理最终实现目标，达到一个满意的结果，这是本书讲述的"搞定自己"，也是"自我管理"的独特路径。

　　如果你根据前面六部分介绍的方法和技巧不断地尝试和努力，相信你已经实现或接近了你最初制定的目标。

　　如果你在这个过程中发现了新的需求，有了更高的目标，你可以按照成功的经验继续前行，相信自己，你一定会完成更大的挑战。如果目标的实现并不能让你快乐，或者你已没有冲动制定新的目标，或者完成这一个目标对你来说，已经足够。

　　那么接下来呢？制定新的目标？再开启一段新的旅程？

　　最好先让自己停下来，给自己的奋斗和努力找一点儿间隙，在看起来无止境的欲望面前，我们需要好好地了解一下自己。如果目标已不能帮你回答"我要去向哪里？"的问题，不妨从回答"我是谁？我从哪里来？"开始。

如果你是直接翻到这一章的，恭喜你！你已经实现了大多数人终其一生的奋斗目标，来到人生更高层次的阶段。

一、你是谁？——"我是谁？"

"跳跳妈妈，跳跳这周的情绪波动比较大，表现不太好，跟好几个小朋友还产生了冲突……"幼儿园张老师的话一直在小柒耳边盘旋。跳跳像泄了气的皮球，耷拉着小脑袋任由小柒拉着手往前移动，一路不声不响。跳跳爸爸要赶项目，连续一个多月天天加班到夜里十一二点才回家，跳跳奶奶不知为何跟爷爷最近总吵架，而小柒自己也因为工作的事郁闷不已。一起进公司的小北又一次升职加薪了，而自己却从核心的销售部调到了看得到清闲却看不到发展的行政部。

"行政部挺好，工作压力小，你也有更多时间照顾跳跳！"

"我也不想每天这么晚回家，我也想做个好爸爸，但是一大家子开销这么大，领导说了这个项目很重要，如果完成得好，就会有升职机会。"

要不要回销售部，做业务虽然压力大，但是收入高啊！这样也可以分担跳跳爸爸的压力，但奶奶爷爷吵架已经影响到跳跳了，是不是应该把更多时间放到跳跳身上？

小柒在工作3年时遇到跳跳爸爸，一年后结婚生子，跳跳奶奶和爷爷过来帮忙带跳跳，自己回到工作岗位，一切看起来都很顺利。怀孕初期时妊娠反应比较强烈，部门经理很委婉地建议是不是换到行政部更好。小柒虽然不喜欢那些事务性的枯燥工作，但是经理也承诺她生完孩子可以再调回来，结果生完孩子小柒更抽不开身。现在跳跳4岁了，小柒却没能回到销售部，工作上更是毫无起色。

"我还是曾经那个意气风发，想要改变世界的小柒吗？我到底是谁？"

在不同的社会情境当中，我们有不同的身份。

在工作环境中，你有烫金的名片或者一连串的职务标签，某公司的创始人、总监、经理、主管，某政府部门的局长、处长、科长，某机构的教授、研究员，它标识着你的工作能力、社会资源或者社会价值。

在与孩子相关的环境，你是谁的父亲或者母亲，孩子乖巧或顽皮，孩子聪明或迟钝，孩子礼貌或粗鲁，都或多或少影响着他人对你的认知。

那么你到底是谁？或者我是谁？外向开朗还是腼腆，喜欢社交还是独处，喜欢摇滚还是古典音乐……你有怎样的特质？有哪些兴趣？又在乎什么？

回答"我是谁？"我们必须先了解自我意识，了解你的自我概念如何工作。

> **画外音**
> 老师，我们是要探讨哲学问题吗？

1. 我们会客观看待自己吗？

人类的自我意识在出生后 18 个月左右开始形成，但通常儿童的自我概念只是一些具体的生理特征。

随着年龄的增长，我们对自我特征的描述会越来越抽象，并具有比较性（与同伴相比），即比起生理特征会更关注心理状态，同时关心社会他人对自己的评价。

自我认知是自我一个重要的功能，即整合并组织关于自我的认知。

> **课堂冲击波**
> 自我认知是一项重要的功能，是发现、组织、整合关于自我的认知的过程。

自我认知具有文化差异

亚洲文化拥有的是相互依存的自我观，即以自己和他人的关系来定义自我，并认识到自己的行为经常会受到别人的想法、感受及行动的左右。

自我认知存在性别差异

女性有较高的对关系的相互依存性，这意味着女性更关注亲密关系；男性有较高的对团体的相互依存性，这意味着他们关心自己在较大团体中的成员身份，但是男女这种在心理上的差异却远远少于他们的相同之处。

跳跳刚出生那会儿，跳跳爸爸王明还不是很忙，也常被小柒拉着去参加亲子课堂，在亲子课堂里是没有王明和小柒，只有跳跳爸爸和跳跳妈妈，小柒的适应度明显好过王明，每次老师点名请跳跳爸爸配合活动的时候，王明都要反应半天，而小柒却对于跳跳妈妈这个称呼很喜欢。小柒跟亲子班上的果果妈妈、琪琪妈妈、佳怡妈妈等十几个人专门拉了一个微信群，群名就叫"妈妈帮"，每天分享一些育儿知识，现在微信群的成员已达到 100 多人，而小柒就是群主。

> **课堂冲击波**
>
> 你以为你经常进行有效的自我反省吗？其实不是！

了解到这些差异后，此刻的你有试着去觉察和认知自己吗？研究显示，我们对自己的反思和内省并没有我们以为的那么经常和有效。在一个星期里，被测试者每天被研究人员多次呼叫，在被呼叫时，人们描述自己当时在想些什么。研究结果发现，人们想到自己的次数少到让人惊讶，而且就算我们进行内省，我们也并不可能很好地觉察到感受和行为背后隐藏的原因。

自我觉知理论认为，当我们把注意力集中在自己身上时，我们会根据自己内在的标准与价值观来评价和比较自己的行为。所以当我们处于自我觉知状态时，我们会成为客观地评价自己的观察者。

显然了解自我认知，可以帮助我们更好地理解和接纳自己的行为，也可以实现更好地控制自我。

2. 自我认知通常被用在哪里？

选择逃避自我时

可能是你意识到自己的行为与内在标准之间存在差异，而你却无法改变自己的行为时，为了消除这些不愉快的反馈，你会试图转移对内在自我的注意力，比如通过酗酒、嗜吃或受虐待等方式，当然也会有温和的方式，比如宗教。

如果你沉溺于某些无法自控的行为当中，这或许是你的心理在对你发出一个强烈的信号，当你捕捉到这些行为的异常，可以试着追问一下自己，你真正逃避的是什么？是否源于你自己设定的某个无法达到的内在标准？你是否可以适当降低你的内在标准，让你的行为变得容易符合标准？

"小柒，你最近是不是又胖了？"星期天，王明堂妹的婚礼，小柒拿出3年前的一条旗袍——那是跳跳周岁时，小柒终于把身材恢复到了怀孕前，为了奖励自己特意去定做的一件旗袍，金色底小雏菊的织锦缎完美勾勒出小柒的玲珑曲线，周岁宴上赚足了眼球，小柒甚至能看到王明眼中闪烁的赞许和骄傲。可是现在，在费力扣上盘扣以后，小柒已经觉得憋闷得快喘不过气来，再看看腰腹部的褶皱，唉，真的是胖了。

"你不胖才奇怪呢！你没发现自己现在很能吃吗？你中午不是吃过饭了吗？这一块芝士蛋糕得有多少热量啊。"可欣是小柒的闺蜜，以前小柒每周都会约可欣出来逛街或吃饭，自从有了跳跳，小柒和可欣的约会就改成了微信语音或视频，但这一次小柒特意请了半天假约可欣见面。

"你以前不是晚餐只吃蔬菜的吗？我还总羡慕你身材管理得好。"

"我也不知道最近怎么了，怎么吃都吃不饱，中午公司食堂的自助餐，我吃一碗米饭三个菜还能再吃一个包子、一根玉米，晚上吃过晚饭还是很饿，总是等跳跳睡觉后一边看剧一边吃坚果，我有种感觉是怎么吃都无法填满自己。"

"你是不是太焦虑了？"

很明显小柒想做一个好妈妈，同时也希望自己的工作不再如此碌碌无为，最好能帮助跳跳爸爸减轻些负担，可是这么多方面交织在一起让小柒强烈感觉心力不足，最近跳跳表现出的情绪问题更让小柒受挫。小柒虽然对自己的行为无法原谅，却也做不出很好的改变，于是通过吃大量的食物，企图去消除内心的焦虑。**认知到自己的行为和情绪是发生转变的第一步。**

解释自己的行为时

你通常会受"因果理论"的误导，作出错误的判断。

关于自己的感受及行为的起因，一般从文化，即前人的智慧中习得，并且受到自己经验的影响。这在提醒我们不要轻易对自己的行为做因果判断。狭隘的因果归因方式会束缚我们的行为，阻碍我们更多的探索和尝试。

态度和感受模糊不清时

你可以通过观察自己的行为和该行为发生时的情境，来推论自己的态度和感受——这来自"自我知觉理论"。

比如当你不太了解自己的兴趣时，你可以试着观察一下自己的行为，如果你会经常自己主动去听古典音乐，那你一定是喜欢古典音乐的；如果你会争取站到讲台上去表达自己的想法，你多半是喜欢演讲的。

如果决策平衡单无法帮你作出选择时，不妨观察一下自己的行为，你会用更多的时间主动去做什么？去关注什么？那个可能才是你内在动机所倾向的选择。

在进行自我认知时要避免"过分充足理由效应"，即当你认为自己的行为是由难以抗拒的外在原因所引起时，你会低估了内在原因引发该行为的可能性。

比如爱阅读的你，因为外部的奖励刺激或者工作需要让阅读变成了一种必要的行为时，你可能会忘记当初主动阅读时的那种内在的快乐和充实感。

解释自己的情绪时

你可能仅仅因为生理的唤起而产生某种行为，但你并不愿意承认这是生理原因，而根据这个唤起状态去寻找其他适当的解释。这会带来的影响是，你容易错误地判断导致你情绪产生的真正原因。

最经典的案例来自唐纳德·达顿和阿瑟·阿伦1974年做的一个现场实验：当一位女士靠近在一座可怕的吊桥上行走的男士，并要求他们填写一份调查问卷时，他们被那位女士吸引并给她打电话的比例非常高；但是如果男士们走过吊桥并且休息了一阵子，当同一位女士接近他们时，他们打电话约那位女士的比例显著降低，我们称之为**"吊桥效应"**。

> **课堂冲击波**
>
> "吊桥效应"：仅仅因为生理的唤起而产生某种行为，但你并不愿意承认，而是根据这个唤起状态去寻找其他适当的解释。

这大概也是为什么游乐场是约会胜地的原因之一。在日常生活中的很多场景也可能受到"唤起的错误归因"的影响，相信在情绪管理的篇章里你会找到更多的应对方式。

对自己的能力增长产生怀疑时

也许你被教育着形成了"固定心态"，而这种心态可能会成为影响你成功的最大阻碍。有些人坚信自己的能力是固定的，要么有，要么没有。心理学家卡罗尔·德韦克称之为"固定心态"，即我们的能力是不会变化的；而另一些人所拥有的心态被德韦克称为"成长心态"，即相信能力是可变的，可以进行培育和增长。

> **画外音**
>
> 我要拥有成长心态！

研究显示，持何种心态对人们的成功极为重要，"固定心态"的人遇到挫折时更容易放弃，他们会认为自己没有这方面的能力或天赋；而"成长心态"的人则会把挫折看作成长的机会。心态是可以去改变的，所以下一次遇到挫折的时候，你可以更客观地审视，并相信努力是能够提升能力带来成长的。

需要界定自己的能力和态度时

自我概念不是在单独的背景下发展的，而是在周围人的作用下形成的。

方法一：比较测试法

一种方法是你可以通过与跟周围的人进行比较来测量自己的能力和态度。

"社会比较理论"即人们通过与他人的比较来得知自己的能力和态度。这个理论围绕两个重要问题展开：第一，你什么时候进行社会比较？第二，你会选择将自己与谁进行比较？

研究表明，我们目标的性质将会影响我们所做的比较。首先，当我们想对自己的能力和意见有一个准确的评估时，我们会将自己与相似的人做比较。

> **画外音**
> 和收入多的人比休闲，和收入低的人比物质，哈哈，我是世界上最幸福的人！

其次，当我们想要获得自己可以努力的方向的信息时，我们会进行**上行的社会比较**，即将自己和在某种特定的特点或能力上比自己出色的人进行比较。最后，当我们的目标是自我提升时，我们会将自己与更为不幸的人（包括过去的自己）相比较，这样**下行的社会比较**可以让我们看上去更好。

对我们行为的指导意义在于，合理的选择比较对象可以让我们更有信心或决心靠近我们的目标。

方法二：吸收融入法

另一种方法是你会将朋友的看法直接融入自己的社会观点。

你会发现你的朋友经常跟你持有相同的观点：一种解释是有相同观点的人会相互吸引形成更紧密的社交关系；另一种解释是在一定条件下人们与周围人的观念会逐渐同化。

查尔斯·库利把这个现象叫作"镜中自我"，他认为我们通过别人的眼睛来看待自己和整个社交圈，并且往往会采纳对方的观点，而且这种社会影响不只是会发生在朋友之间，也会发生在陌生人初次见面的时候。通常我们会自动采纳自己喜欢的人的观点，却会自动拒绝我们不喜欢的人的看法。

所以如果你有一个目标却不是那么坚定时，那就选择进入那些与你有共同目标的群体当中，这样会帮助你坚定自己的目标和方向。

为什么要花这么多篇幅来分享"自我认知"这个看起来有些学术化的心理学概念？

在急于往前冲的同时，我们常常会忘记自己，而那些难以被发现、容易被影响的情绪和感受才是最真实的自己，是需要被接纳和认可的你自己。

如果你没有清晰的目标，如果你只有眼前的目标，如果你的目标更多是在迎合别人的需要，如果在收获了很多以后，你依旧迷茫困惑，是的，也许你没有，或不够了解你自己，他/她会被什么样的环境影响，他/她有哪些特性，我们需要常常停下来反观、聆听。显然很多被我们所忽略的因素正在影响着我们的认知和行为，我们不妨试着灵活运用。

> **画外音**
>
> 为了和朋友同事打成一片，不说自己爱吃的，不点自己想唱的，我都忘了自己的爱好了。

3. 从发展阶段来理解自我

今天有一位女性朋友生日，除了给她发红包外，一定不会忘的祝福是"永远十八岁"。尽管她已经过了三十而立的年龄，是孩子的母亲、公司的主管。

但我们仍然希望身为女性可以永远保持年轻，停留在最美好的少女时期，当然这更多地是指生理上，如外貌、身材，而非心理。

心理学研究对这一现象的说明是，每个人在一生中都无意识地保持着同样的年龄，通常会选择一个自己最中意的年龄，然后停留在那里，18岁或者25岁。

而心理学的发展观认为，随着年龄的增长，我们的能力与行为是在持续变化的，人生的每个阶段都有新的任务、新的挑战，以及新的快乐与挫折。

其中成人期与青春期发展最大的不同在于，青春期的大多数发展都是与年龄相关的变化——特定的年龄时出现的改变；而成人期发展更多是和年龄无关的改变，或者说是只会发生在某个人身上的独特事件和影响，这些事件可能发生在任何年龄，也可能根本不发生。随着年龄增长，人与人在发展上的差异就越发明显。

虽然成人阶段的年龄差异不再明显，但25岁与45岁、65岁在自我知觉和社会环境方面还是有所差别，所以大多数心理学家仍然倾向于将成人期分为成人早期、成人中期和成人晚期。

不过需要注意的是这三个阶段的年龄界限并不明确，而且人们的个人发展模式也有很大的不同。

成人中期： 在38岁到46岁，我们必须作出从成人早期到成人中期的转变。成人中期界定的是30多岁接近40岁到60多岁的一段时期，人们通常在此期间实现事业与家庭目标。

成人后期： 是成人发展的最后一个时期，从65岁直到死亡，特征是针对变化的健康、收入和社会角色进行调整。

因为我们人生中大部分转折发生在成人早期，因此本章将关注的重点放在成人早期。

成人早期的四大任务

青少年向成人期的转移比通常所想的要复杂，成人早期就始于这种"早期成人转移",大概会从18岁或20岁出头持续到38岁以前。

这一时期的主要任务是离家、选择职业,并为之作出准备、建立亲密关系,以及组建自己的家庭。因为这个时期的决定将会影响我们50年,或者更长的时间,所以转移期充满了压力。

第一个发展任务:离家/重组

外在表现是搬出去、经济上独立、承担新角色和责任;内在主要体现在扩大与父母的区别,更多的独立决策。青年人离家时通常会感到矛盾,如果你已经过了这个阶段,你可以试着回忆一下,一方面你是否急于摆脱父母的控制;另一方面你是否也担心自己独立成事的能力。

"跳跳奶奶和爷爷在这里确实能帮我照顾跳跳,但他俩时不时就吵架真的很影响跳跳。"小柒和王明像大多数的"80后"小夫妻一样,靠着双方父母的资助加上自己的积蓄,在北京贷款买下一套不到70平米的小两居,为了还房贷,两个人只能拼命工作,照顾孩子的重任自然是落在双方父母的身上。

"两家轮流来,一家半年,这样没矛盾。"最初小柒是倾向于只让自己父母来帮忙,但考虑爷爷奶奶会想孙子,也觉得会让自己父母太辛苦,便和王明商量达成了一致。

从小家庭变成"1+2+2"的关系,新的矛盾时常浮现。小柒父母在时包揽了日常起居所有的家务,以前还会帮着小柒洗碗拖地的王明现在什么都不干了,"你也不能什么都让我父母帮你做吧!"爷爷奶奶在的时候,一方面,溺爱孙子,与小柒容易有观念冲突;另一方面,爷爷奶奶之间时不时的争吵又会影响跳跳。

新的社会现象是,像小柒家这样,由于房价的不断增高和养育成本的不断增加,越来越多的老年人开始跟自己的子女和孙子、孙女一起生活。离家者又开始返回原生家庭形成重组。这种重组一方面阻断了成人早期的独立需求;另一方面也带来了原生家庭的更多干预和影响。对青年人来说,只有实现真正意义上的独立，从精神上、生活上减少对父母的依赖，才能自如应对重组带来的矛盾。

在朋友的建议下，小柒跟跳跳奶奶做了一次沟通，关注了奶奶的情绪，分享了关于跳跳情绪问题的困惑，了解到爷爷奶奶之间矛盾的根源，和王明商量为跳跳的爷爷奶奶报了一个短途3天的旅行团。同时和王明进行了分工，两个人要分担家务，让爷爷奶奶能有一些自己的时间，同时周末和假期全家多安排外出的集体活动。

第二个发展任务：选择职业

在选择职业时，青年人一般需要在两个任务中作出平衡：一个任务是探索更多的可能性，保留很大的选择余地；另一个任务是建造稳定的生活结构，创造属于自己的世界。

回忆你在大学毕业时的职业选择，是否也面临做决定的痛苦？做的决定到底对不对？如果不对，有更改的机会吗？会不会很困难？为了回避做这个决定，有些年轻人会考虑延迟毕业的时间，比如继续攻读研究生。

第三个发展任务：建立亲密关系

面对这个任务，可能出现的困难是，如果对自己或对未来不自信的青年人会因为害怕在亲密关系中迷失自己，故而止于肤浅、依赖或不稳定的关系。

第四个发展任务：组建家庭

这个阶段大多数青年人会完成了组建家庭的任务，接下来要作出的选择便是要不要孩子？在什么时间要孩子？结婚和生子的选择与就业和继续深造的选择是相互竞争的，并且对女性来说这些选择之间的竞争会更大。

亲密关系、家庭和职业都需要我们在成人早期时作出重要决定。在下一篇章当中我们会针对这三大问题作出更详细的分析。

"课间"茶歇

你确定你认识自己吗?

◎ 我们也许并不像自己想象的那样,熟悉镜子中的自己。

◎ 哪些情况下你需要认识自己?

◎ 认识自己的方法有哪些?

◎ 从人生历程来观察自我,有什么不同?

◎ 成人早期的四大任务对自我认知影响重大。

二、在困境中自我拆解

2016年热议的一部烧脑美剧《西部世界》中除去对人性的反复追问和思考，里面有一个角色也让人印象深刻……

他叫威廉姆，他显然是现实世界中的人生赢家，既是迎娶了"白富美"的职业打工皇帝，还创立了自己的基金会，同时有慈善家的美名，甚至对"乐园"而言他还是控股者。财富、权力、荣誉和美满的生活，他几乎拥有现实中可以拥有的一切，而他却在30年的时间里一次又一次地进入"乐园"，追寻一个他想要的答案，他希望在迷宫的中心找到自己。

"西部世界"是用科技打造的一个自由意志主导的世界，你是来自现实世界的游客，在一切为你服务的"乐园"里，你可以为所欲为，没有道德、法律的约束，任意肆掠、残杀、屠戮那些无法反抗没有意识的智能人，虽然他们看起来和你并无所异。打破现实中所有的疆界，你还是那个现实中的自己吗？你到底是谁？

加上人性的拷问或许让我们对自我的认知走得太远，回来聚焦到站在镜前的自己，如果关注"自我认知""自由意志"容易陷入哲学的迷思，不妨借助一些工具来对现实的困境进行自我拆解。

就让我们从成人发展早期的主要矛盾入手。

1. 职业的选择：用兴趣搭配职业

在进行职业选择之前，我们需要先对自己进行一下评估。这种评估应该包括你的兴趣、能力和价值观。

兴趣测试让你的兴趣浮出水面

学术界对职业兴趣的研究已有 90 多年的历史,其中约翰·霍兰德(Holland)的 6 种类型结构是得到最广泛认可的结构模型。1959 年霍兰德在长期职业指导和咨询实践的基础上首次提出了自己的职业兴趣理论,认为人的人格类型、兴趣与职业密切相关,可以把大多数人的职业兴趣按照人格的类型划分为六种:现实型(Realistic)、研究型(Investigative)、艺术型(Artistic)、社会型(Social)、企业型(Enterprising)、常规型(Conventional)。每一种类型构想均有相应的操作定义,可以用定性或定量的方法进行评估。[1]

霍兰德假设:(1)多数人属于 6 种人格类型中的一种;(2)有 6 种与兴趣类型相对应的环境模式;(3)人们寻找那些能够施展他们的技能和能力的职业和环境,在相应的职业环境中,他们可以表现他们的态度和价值观、承担适合的并避免不适合的问题和任务;(4)人们的职业行为是由其人格与环境特征相互作用决定的。[2]

根据霍兰德的职业兴趣理论,员工的工作满意度与流动倾向性取决于个体的人格特点与职业环境的匹配程度。人们通常倾向于选择与自我兴趣类型匹配的职业环境,所以了解自己的职业兴趣结构,可以帮助个体作出更适合的职业选择。

在职业兴趣理论的基础上,霍兰德编制了职业偏好量表(VPI)和自我导向搜索测验量表(SDS),1996 年我国学者白利刚、凌文辁、方俐洛以霍兰德职业兴趣理论为依据,结合我国国情和职业分类体系特点,编制了霍氏中国职业兴趣量表,量表的信效度检验结果良好,在实际运用中取得了较大成功。[3]

本书的读者在进行自我评估时,可以参考下面这个"霍兰德岛屿游戏",

---

[1] 白利刚:《Holland 职业兴趣理论的简介及评述》,《心理学动态》1996 年第 4 卷第 2 期。
[2] 刘长江、郝芳:《职业兴趣的结构:理论与研究》,《心理科学进展》2003 年第 11 卷第 4 期。
[3] 方俐洛、白利刚、凌文辁:《Holland 式中国职业兴趣量表的建构》,《心理学报》1996 年第 28 卷第 2 期。

更详细专业的测试可以通过相关机构或者专业职业咨询师、规划师来完成。

霍兰德岛屿游戏

A岛——"美丽浪漫岛"	C岛——"现代井然岛"	E岛——"显赫富庶岛"
这个岛上到处是美术馆、音乐厅，弥漫着浓厚的艺术文化气息。岛民们保留着传统的舞蹈、音乐与绘画。许多文艺界人士都喜欢来到这里开沙龙派对寻求灵感。（缺点是激情之余，这里严重缺乏条理和逻辑性）	处处耸立着的现代建筑，标志着这是一个进步的、都市形态的岛屿，岛上的户政管理、地政管理及金融管理都十分完善。岛民们个性冷静保守，处事有条不紊，善于组织规划。（缺点是这里生活得如此稳定，以至所有能发生的情况都有了规定，他们只要翻本子就可以了）	该岛经济高度发展，处处高级饭店、俱乐部、高尔夫球场。岛民性格热情豪爽善于企业经营和贸易活动。岛上往来者多是企业家、经理人、政治家、律师等等。这些商界名流与上等阶层人士在岛上享受着高品质生活。（缺点是这里的人们高竞争、快节奏、高压力，导致很少人的工作与生活可以平衡和从容）
I岛——"深思冥想岛"	R岛——"自然原始岛"	S岛——"温暖友善岛"
这个岛平畴绿野，人少僻静，适合夜观星象。岛上有很多天文馆、科技博物馆、科学图书馆。岛民们最喜欢猫在自己的小房子里，天天钻研学问，沉思冥想，探究真知。哲学家、科学家和心理学家们在这里约会，讨论学术，交流思想。（缺点是这群关注终极问题的思考者，很少能享受到一些"庸俗"的快乐）	这是个自然生态优良的绿色之岛。岛上不仅保留有热带雨林等原始生态系统，而且建立了相当规模的植物园、动物园、水族馆。岛民以手工制造见长，他们自己种植果树，栽培蔬菜，修缮房屋，打造器物，制作工具。（缺点是这个岛上的人普遍闷头干活，沟通和交流不多）	这个岛的岛民们都性情温和，乐于助人，人际关系十分友善。大家互助合作，重视教育后代。每个社区都能自成一个密切互动的服务网络，处处充满着人文关怀气息。（缺点是这里的人们过于温暖平和，他们经常被认为是缺乏竞争意识和无原则的一团和气）

　　了解过上图中 6 个岛屿的不同特征，现在请你用 15 秒钟的时间快速回答以下问题：

1. 如果你必须在 6 个岛之中的一个岛上生活一辈子，成为这里岛民的一员，你第一会选择哪一个岛？
2. 你第二会选择哪一个岛？
3. 你第三会选择哪一个岛？
4. 你打死都不愿意选择哪一个岛？

选好之后，依次记下 4 个问题的答案。

　　测试分析：ACEIRS 这 6 个岛事实上分别代表了 6 种职业类型，它们的描述以及矛盾关系如下：

　　A 岛——艺术型 (Artistic) vs C 岛——常规型 (Conventional)

　　E 岛——企业型 (Enterprising) vs I 岛——研究型 (Investigative)

　　R 岛——实用型 (Realistic) vs S 岛——社会型 (Social)

　　问题 1 的答案体现了你最显著的职业性格特征、最喜欢的活动类型以及最喜欢(很可能是最适合)的大致职业范围。问题2、问题3得到的答案与问题1的答案组成三个字母,可以转换成职业码,指向更具体的职业。

反之,问题4的答案则是你最不喜欢的活动、最不适合的职业。

具体内容如下:

A 岛——艺术型 (Artistic)

总体特征:想象丰富,看重美的品质;富有创造力,情绪强烈丰富,属于喜欢自我表现的理想主义者。

喜欢活动:偏好模糊、自由和非系统化的活动,喜欢创造和自我表达;厌恶明确、秩序和系统化的活动。

喜欢职业:总体来讲,喜欢"非精细管理的创意"类和创造类的工作。如音乐家、作曲家、乐队指挥、美术家、漫画家、作家、诗人、舞蹈家、演员、戏剧导演、广告设计师、室内装潢设计师。

C 岛——常规型 (Conventional)

总体特征:看重商业和经济方面的具体成就,追求秩序感,自我抑制,追求实际。

喜欢活动:偏好对数据资料进行明确、有序和系统化整理的活动;厌恶模糊、不正规、非程序化的情景或探究性的活动。

喜欢职业:总体来讲,喜欢有清楚的规范和要求的、按部就班、精打细算、追求效率的工作。如税务专家、会计师、银行出纳、簿记、行政助理、秘书、档案文书、计算机操作员。

E 岛——企业型 (Enterprising)

总体特征:看重政治和经济方面的成就;为人乐观,喜欢冒险,行事冲动,对自己充满自信,精力旺盛,喜好发表意见和见解。

喜欢活动:偏好领导和影响他人,通过说服他人实现组织目标或获取经济收益的活动;厌恶研究性的活动。

喜欢职业:总体来讲,喜欢那种需要运用领导能力、人际能力、说服能力来达成组织目标的职业。如商业管理者、市场或销售经理、营销人员、采购员、投资商、电视制片人、保险代理、政治运动领袖、公关人员、律师。

I 岛——研究型 (Investigative)

总体特征：体现出看重科学研究的价值观；自主独立，好奇心强烈，敏感且慎重，重视分析与内省，爱好抽象推理等智力活动。

喜欢活动：偏好独立的对各种现象进行观察、分析和推理，进行系统化、创造性的探究的活动；厌恶需要劝说和重复性缺乏挑战的活动。

喜欢职业：总体来讲，喜欢以观察、学习、探索、分析、评估或解决问题为主要内容的工作。如：实验室工作人员、物理学家、化学家、生物学家、工程师、程序设计员、社会学家。

R 岛——实用型 (Realistic)

总体特征：多表现出看重具体事物的价值观；个性平和稳重，追求实际效果，喜欢实际动手进行操作实践。

喜欢活动：偏好与物体打交道；不喜欢与人打交道，不喜欢待在办公室里。

喜欢职业：总体来讲，喜欢与户外、动植物、实物、工具、机器打交道的工作内容。如：农业、林业、渔业、野外生活管理业、制造业、机械业、技术贸易业、特种工程师、军事工作。

S 岛——社会型 (Social)

总体特征：多表现出重视社会和伦理道德问题的价值观；乐于助人，善于合作，重视友谊，热情关心他人的幸福，有强烈的社会责任感，总是关心自己的工作能对他人及社会做多大贡献。

喜欢活动：偏好对他人进行传授、培训、教导、治疗和咨询等方面的社会服务活动；不喜欢与材料、工具、机械等实物打交道。

喜欢职业：总体来讲，喜欢帮助、支持、教导类工作。如：牧师、心理咨询员、社会工作者、教师、辅导员、医护人员、其他各种服务性行业人员。

你拥有什么技巧？——技巧识别

你擅长什么？通常这个问题并不容易回答，但是你可以试着回想一下你在学校或其他地方的成就。

星期天　冥想日
Sunday　汇聚能量
再起航

从你人生的每个 5 年阶段选择一些成就，罗列出来，看看这些成就有什么共同点？有什么不同点？从你的成就中，你对自己和自己的目标及技能有什么了解？

2016 年，蔡崇信捐赠 3000 万美元用父亲蔡中曾之名命名耶鲁大学法学院中国中心，蔡崇信和父亲都是耶鲁大学法学院的毕业生，现在被大家所熟知的蔡崇信，身份并非律师或法官，而是阿里巴巴集团执行副董事长，被称为马云最信任的人。

在典礼之前，蔡崇信与耶鲁大学法学院的学生做了次对话，期间有学生提了这样一个问题："法学院要不要改革课程，以培养出更多你这样的人？"

蔡崇信的回答是："不用什么变化，我认为法学院教育培养出来的人很适合从商。比如说，法学教育重视研究材料，强调分析能力，致力于培养优雅、简洁、有逻辑的写作，最重要的是，法学教育要你随时随地说出想法，培养说服力。"

使用技巧识别方法来建立你拥有的技能的详细清单。[1] 你的技能清单可以用来制作招聘者需要的简历，建立个人教育计划，或者用来和职业咨询师一起决定未来的职业机会，如表 7-1 所示。

技能是很好地完成一项任务的能力。它通常产生于训练或者经验的长期积累。某一项技能可以应用于许多种工作或学习中。

> **画外音**
> 老师，我有技能，但远远算不上擅长，这可怎么办？

---

[1] ［美］达菲：《心理学改变生活》（第 8 版），张莹译，世界图书出版公司 2006 年版，第 290—293 页。

说明：在左栏中你拥有的每个技能上做标记。

表7-1　　　　　　　　　　　　　技能清单

是否拥有此项技能	基本技能	促进学习或者更快速获取知识的能力
	技能	技能描述
	主动学习	理解目前和未来解决问题及做决定所需的新信息的含义
	积极倾听	全神贯注倾听他人说话，花时间去理解其观点，提出适当的问题，不在不恰当的时候打断
	批判性思考	运用逻辑和推理来确认备选方案、决定以及解决问题方法的优点和缺点
	学习策略	在学习或教授新知识时选择和使用适当的培训、教育方法和步骤
	数学	运用数学来解决问题
	监控	监控或评估自己、他人或组织的业绩表现，以作出改进或采取纠正措施
	阅读理解	理解工作相关的书面文件中的句子和段落
	科学	运用科学原理和方法解决问题
	交谈	和他人交谈，有效传递信息
	书写	根据读者的需要进行有效的书面沟通
	社会技能	**与他人合作共同达到目标的能力**
	技能	技能描述
	协调	根据他人的行动调整自己的行动
	指导	教别人如何做事
	谈判	将其他人召集在一起，并努力调和分歧
	劝说	劝说他人改变想法和行为
	服务导向	积极地寻找方法去帮助他人
	社会洞察力	了解他人的反应并理解他们为什么会这样反应
	解决复杂问题技能	**在复杂的现实环境中解决新异及不明问题的能力**
	技能	技能描述
	复杂问题解决	识别复杂问题，审视相关信息，据此制定和评估各种选择方案并执行

星期天　冥想日
Sunday　汇聚能量
再起航

技术技能	设计、安装、操作和消除机器和技术系统使用中的故障的能力
技能	技能描述
设备维护	进行设备日常维护并决定维护时间和种类
设备选择	决定从事工作所需的工具和设备的种类
安装	根据规范安装设备、机器、线缆和程序
操作终端	识别测量仪器、刻度盘和其他指示器来判断设备是否运行良好
运行和控制	控制设备或系统的运行
运行分析	分析需求和产品要求，产成设计方案
编写程序	编写各种电脑程序
质量控制分析	对产品、服务或加工过程进行检验和测试，衡量其质量和运作
修理	使用需要的工具修理机器或系统
技术设计	产生或改造设备和技术来满足用户需求
解决问题	确定运作出错的原因，并决定如何解决

系统技能	理解、监控和提高社会—技术系统的能力
技能	技能描述
判断和做决定	考虑潜在方案的成本和收益，选择最合适的方案
系统分析	确定系统的工作方式和状态，以及工作条件、操作和环境的变化会对结果有何影响
系统评估	确定与系统目标相关的系统表现的标准或指标，以及提高或修正其表现的措施

资源管理技能	有效分配资源的技能
技能	技能描述
资金资源的管理	决定完成工作的资金花费方式，以及费用如何核算
材料资源的管理	获得并负责完成特定工作所需的合适的设备和材料
人力资源管理	激励、发展和指导人们的工作，确定某种工作的最恰当人选
时间管理	管理自己和其他人的时间

桌面电脑技能	使用电脑做文档管理、输入、操作和有效的信息沟通
技能	技能描述
导航	使用滚动条、鼠标和对话框来操作电脑系统；能够找到感兴趣的应用程序和文档，并在它们之间转换

213

	互联网	通过互联网查找信息，包括打开和设置标准浏览器的能力，使用搜索引擎、超文本索引和转换协议，发出和收取电子邮件
	文字处理	使用电脑应用程序输入文本、插入图片、设置格式、编辑、打印，并生成文字处理文档
	电子表格	使用电脑应用程序输入、操作、设置文本和数字的格式，插入、删除和操作单元格、行和列，生成并保存表格、图表和图形
	演示文稿	使用电脑应用程序生成、处理、编辑和演示 PPT
	数据库	使用电脑应用程序管理大量数据信息，包括生成和编辑简单的数据库、输入数据、提取特定记录，以及为交流信息生成报告
	图表	在绘图程序或其他应用程序中操作图片，包括制作简单图表，处理图表外观以及在其他程序中插入图表

价值排序凸显你的价值观

价值观是指个人对客观事物(包括人、物、事)及对自己的行为结果的意义、作用、效果和重要性的总体评价，是推动并指引一个人采取决定和行动的原则、标准，是个性心理结构的核心因素之一。

简单来说，就是对你而言，什么是最重要的？什么是其他无可替代的？

价值观测试

"WVI 职业价值观测试"由美国心理学家舒伯于 1970 年编制，完整的量表一般是 52 道题，衡量了 13 个因素，包括利他主义；美感；智力刺激；成就感；独立性；社会地位；管理；经济报酬；社会交际；安全感；舒适；人际关系；变异性或追求新意。

> **画外音**
> 貌似，价值观比擅长什么更难测试。

自评的方式：

第一步，拿一张白纸把这 13 个因素抄写下来；

第二步，理解这 13 个因素的意思，然后划掉 5 个你觉得不重要的；

第三步，在剩下的 8 个因素中继续划掉 2 个不那么重要的；

第四步，现在还剩下 6 个因素，请考虑一下，再划掉 2 个，从这一步开始，你的选择也许会不那么容易，无法做好取舍，关于这一步骤的选择过程你可以记录下来，最终为什么会这样选？选择的原因是什么？

第五步，终于到了最后一步，再划掉1个因素吧，剩下的3个你也不妨排排序。

很多人第一次做这个价值观测试的时候，都会很有触动，会突然发现原来这才是自己最在乎的。

为什么用划掉而不是直接排序？

行为经济学研究发现，损失会引发人们更强烈的心理感受。损失厌恶（loss aversion）是预期理论（prospect theory）的核心性质之一，是指一定数额的损失所引起的心理感受，其强烈程度约两倍于等量数额获益引起的感受。强烈的心理感受会提醒个体更关注自己的选择。

2. 职业的适应：没有定位就进入职场怎么办？

我们了解自己的兴趣、能力、价值观是在对自己进行职业定位，理想的职业发展过程应该是，在进入职场之前，我们先要清晰定位，选择一个合适的职业，然后进入职业发展中的适应阶段。

第一份职业大都不是合适的

现实是，我们中的大多数人在进行第一份职业的选择之前，并没有对自己进行定位，这里的影响因素众多，比如听从了父母老师的推荐，根本没想过要定位；比如就业压力巨大，没有更多的选择，定位也没有意义；比如对现实中的职业缺乏认知，认知与定位无法匹配等。

所以我们不妨假设，绝大多数年轻人的第一份职业都不是理想职业，这里用的是"理想"，而不是"合适"，以我们刚毕业对职业的有限认知来说，是无法判断"合适"与否的。

识别情绪发现问题

进入职场的第一阶段遇到的首先是适应问题，环境的适应、角色的适应、工作内容的适应，大家可能会表现出不同的压力问题。

在工作中出现压力或情绪的时候是一个很好的信号，提醒我们需要停下来对自己的情绪进行甄别。到底是焦虑、厌倦，还是失落，不同的情绪反映出不同的问题。

焦虑可能是因为你的能力无法满足工作的需求，厌倦是因为工作的内容无法引起你的兴趣，而失落多半是工作所提供的价值回报无法满足你的预期。

当然在适应期，你可能是多种情绪交织在一起的，工作压力大、能力跟不上很焦虑，工作重复、琐碎不符合你的兴趣点于是厌倦，职业初期的薪水不能达到你的要求充满失落。这时候就需要我们停下来进行更深刻的反思，到底是哪一部分的问题更为突出。设想如果不考虑兴趣，这份工作你可以很出色的完成吗？如果你完成得足够出色，组织会给予匹配的激励吗？

有调查显示，绝大多数毕业生的工作能力无法满足雇用方所需要的能力。

简单的王道

刚进入职场或者工作一两年的青年人，在适应阶段最主要的矛盾还是集中在能力不足。这时候就需要摆正心态，做好基础的工作，并通过不断地学习去提升能力。

当你的能力已经完全胜任并超出了你的职位需要，如果没有得到相应的激励，你可以考虑寻找更合适的平台和机会，而这一切必须建立在你的能力提升基础上。这时候，你会进入职业的发展阶段。

3. 职业的发展：将志趣兑换出价值

在寻求职业发展的过程中，除了能力的提升，还需要强化个人的优势。

自媒体盛行、个人品牌突出的时代，传统行业在不断被颠覆，16年前你不会知道"BATJ"能成为市场的标杆，5年前你不会想到共享经济的繁荣。当平台随时会被打破，个体本身成为最核心的竞争力，如何让自己在群体中脱颖而出便成为未来职业发展的关键。

专注某一个细分领域并做到极致，这是投资人给创业团队的建议，同样适用于个体。区别于他人的一定是你身上独有的特质，比如把某一项能力发挥到最大化，形成这个领域内的特色标识。

> **课堂冲击波**
>
> 区别于他人的一定是你身上独有的特质，比如把某一项能力发挥到最大化，形成这个领域内的特色标识。

前面讲到了解自己的兴趣时，提到兴趣的最高阶段是志趣，志趣可以兑换到足够的价值，当作自我实现的事业去发展。这时，志趣就可以成为你的最大优势。

所以职业的发展阶段除了尽可能地累积现有职业所带来的资源，还需要同时发现和培养自己的兴趣。

4. 职业的平衡：建立持久稳定的亲密关系

不成功的亲密关系会成为职业发展的障碍

由于对亲密关系，尤其是爱情、婚姻关系的满意度直接影响着我们的职业状态，所以很多大的企业或工会都会特别关注职工的家庭生活。从个体角度来看，主动维持一段稳定、满意度高的亲密关系也会为自己的职业发展提供基本保障。

当职业稳步发展的同时，还需要解决的矛盾往往就来自亲密关系。亲密关系包括友情和爱情，由于两种关系的差异性，对我们来说爱情更容易引起困扰。

我们"相爱相杀"

研究表明，我们希望朋友和爱人具有的个人特征是相同的：热情、和善、坦率和幽默，但我们对爱人的这些特质比对朋友的期望更高。爱情会同时加强亲密关系的积极和消极方面，由于双方更大的独占性和情感投入，爱人们会经历比朋友之间更大的矛盾、冲突、压力和相互指责。

罗伯特·斯坦伯格和苏珊·格拉杰提出"爱情三角"理论，认为爱情包含三种元素：亲密、激情和承诺。在爱情当中，男性和女性的体验常常是不同的，情感亲密通常让女性在作为妻子和母亲时感到快乐，女性也比男性更加珍视伴侣的尊重、坦率的交流和忠诚。

我们需要稳定亲密的爱

通过承诺让亲密、激情的爱情变成更稳定的亲密关系，是我们在成年早期需要完成的一项发展任务。稳定的亲密关系常规的表现形式为婚姻，时代发展也有越来越多的人选择了其他相处方式，在此我们不做讨论，但维持稳定的亲密关系与维持婚姻在方式上有相同之处。

根据约翰·戈尔曼对婚姻所做的长期研究发现，有些特定的情绪和方式对婚姻是有害的，批评、蔑视、攻击和退缩尤其具有破坏性。

那么长期令人满意的婚姻又具有哪些特征呢？

第一，共同解决问题的能力是一个主要的因素；第二，充满乐趣的共同经历对婚姻的长久有特别贡献；第三，婚姻成功的最佳预测因素是伴侣间沟通的质量。其他的因素还包括理解伴侣感受的共情能力、相处和独处之间时间的平衡、令人满意的性关系、为彼此作出调整的共同意愿。

> **课堂冲击波**
>
> "共同解决问题的能力"是令人满意的婚姻的标志之一。

"课间"茶歇

在困境中自我拆解：

◎ 职业的选择：用兴趣搭配职业、测试你的兴趣，发现你的擅长、找到你的价值观。

◎ 当职业选择不恰当时，要通过识别情绪来发现问题所在。

◎ 职业的发展，终极法宝就是强化个人优势。

◎ 管理好自己的爱，助推职业的平衡。

三、你幸福吗？什么可以让你幸福？

无法回答？ 别担心，你绝不是少数。因为研究发现，我们很多人没有意识到让我们幸福的是什么。

关于"情感预测"的研究发现，我们在思考什么能让我们感到幸福的时候，总是会犯系统性错误。当谈到对幸福的理解时，有些人甚至会避而不谈。

1. 走出"钱多幸福"的误区

赚很多钱，实现财务自由？ 这一定是很多人对成功的定义，也是衡量是否幸福的指标之一。这样真的就会幸福吗？我们来看看理性的研究和数据怎么说。

研究显示，人们赚钱的数量与其幸福感的关联是最微弱的。当然，贫穷到无法购买食物和衣服的人会比其他人更不幸福，这不足为奇；但是，在人们满足了生活的基本需求之后，赚更多的钱并不能提升幸福感。

来自美国的数据显示，从1940—2000年美国的生活满意度与国民生产总值来看，在这60年中，美国人变得越来越富有，然而，平均生活满意度数值仍然保持稳定。

查阅中国的数据，据世界价值观调查组织（World Values Survey，WVS）调查结果显示，1990—2000年，中国居民的平均幸福感由1990年的7.3下降到了2000年的6.5，自我感觉"非常幸福"的居民比例也由28%下降到了12%。

同时还有证据表明，物质主义的人（就是那些非常热衷于金钱和财富的人）没有那些非物质主义的人幸福。

是说金钱本身有问题吗？不一定，这种现象发生的原因之一是物质主义者的社会关系更令人不满意，所以如果把金钱用在可以提高幸福感的事情上面，金钱就可以变成让人幸福的工具。

2. 幸福在哪里？

那么能让人们幸福的到底是什么？心理学家的答案是，这是一个复杂的问题，因为影响幸福的部分因素总不在我们的掌控之中。

首先，大部分心理学家认为幸福感一部分是与生俱来的，有些人天生就比其他人拥有更幸福的气质，另外有很多不受我们控制的社会环境因素，比如整个国家的政治制度，会对幸福产生巨大的影响。

当然，虽然不可控的因素很多，但还是有一些影响幸福的因素是我们可以控制的，其中最重要的影响因素有三个：

第一，与他人保持良好的关系；第二，追求你所喜欢的东西；第三，帮助他人。

心理学关于人际关系与幸福的相关性这样解释：良好的人际关系使人们幸福，幸福的人更有可能维持良好的人际关系，或者是外向性变量，它可以让人们更幸福，并更可能维持良好的人际关系。这三个变量具有交叉性，但研究者们普遍认为**高质量的人际关系是幸福感的主要来源。**

> **课堂冲击波**
> 高质量的人际关系是幸福感的主要来源。

3. 幸福就是追求目标的过程

如果请你回忆，你什么时刻最幸福呢？是在目标实现的时候感到幸福还是在追求目标的过程中感到幸福呢？

具体一些，比如你的目标是恢复到大学时代的身材，从120斤到100斤。那么，你是最终减到100斤的时候感到幸福；还是在努力坚持节食和运动的过程中，你看着体重仪的指数一点点从120斤到115斤，再从110斤到105斤，虽然还没达到理想状态，却一直在变化的

> **画外音**
> 就这个目标而言，我很不幸。

时候，会更感到幸福呢？

再比如，你的目标是跑完马拉松，你最幸福的时刻是当你站到终点的时刻，还是在奔跑中，3公里、5公里、10公里、20公里、30公里不断接近终点的过程。

虽然最后的目标达成、梦想成真可以让我们很高兴，但研究表明，当人们在从事一些自己喜欢的事情，并不断取得进步的时候会感到更幸福。

为什么会这样呢？听听心理学家的解释。

第一，人们在坚定地朝着目标行动时，往往处于一种"Flow"（被翻译成"心流"或"流动"，本文中就用大家更常用的"心流"这个词）的高度理想状态。"心流"这个概念，前文中我们也提到过，它是一种高度投入某项任务时的感觉，它能让人们觉得自己在所从事的活动中正在取得进步。"心流"是一种让人感到非常愉悦，以至于忘记时间、忘记自己身处何地的状态，而当人们达到目标时，"心流"的状态就会停止。

第二，当人们在为一个目标去努力且不确定目标是否能实现时，是无法考虑其他事情的。一旦目标实现，人们就会想到还有更多的需求没有满足和实现，这时候其他事情的干扰会冲淡成功的快乐。

所以，**以愉快的方式追求目标的过程**往往比实现这个目标本身更能让我们感到幸福。

当然，别忘记，这里有一个大前提——你得在做你喜欢的事情。回到上一部分关于自我认知"我是谁"的内容，你必须先要了解自己的兴趣和价值观，符合兴趣和价值观的目标才是会让你幸福的目标。

4. 帮助他人是否曾让你获得幸福感？

曾经有过这样一个小实验，在某天班会结束后，老师给大家每人发了10元钱，让他们在当天必须花掉，随便怎样花都可以，然后第二天告诉我他们是怎样花掉这10元钱的。

这些学生都是工作多年的在职硕士生，大多有家庭，有的还和父母住在一起。第二天，大家反馈回来答案后，老师为他们做了简单的幸福指数评分（10分制）：有一位把钱捐给乞讨的老奶奶的评分最高；还有几位用这10元钱为父母或孩子买了小礼物，他们的分数也较高；更多的是为自己买了报纸、雪糕或者袜子等小东西，分数中等。

当然这个小实验从取样到变量控制都不够严谨。接下来，我们来看看这个实验的原型。

邓恩、阿克南和诺顿2008年做的一个研究，他们随机给路人一个信封，里面装着现金，这些现金需要在当天下午5点之前花完。有些信封是要求被试给自己花，有些信封是要求被试者给他人花。实验结束的那天晚上，研究者会给被试者打电话，那些把钱给其他人花的被试者会更幸福。为他人做好事比给自己买小礼物更能让人幸福。

5. 帮助他人为什么会让人感到幸福呢？

首先，这是一种与他人保持联系并能促进人际关系的好方法，前面第一条里就提到，人际关系的提高是幸福感的重要来源；其次，帮助别人的人可能以一种更加积极的眼光看待自己。

> **画外音**
> 予人玫瑰，手有余香。

读到这里，对于"我是谁？我从哪里来？"的问题，你是否也开始有了一些模糊的答案？问过自己关于幸福的感受，是否也让自己对生活的本质有了一些思考？

正如序言里提到的那样，我们想与你分享的并不是如何成功，而是想帮助你发现和了解自己，并努力变成更好、更幸福的样子。

"课间"茶歇

你幸福吗？

◎ 金钱与幸福两者弱相关。

◎ 幸福究竟在哪里？三种因素，你拥有哪种？

◎ 追求目标的过程就是幸福。

◎ 帮助别人为什么可以获得幸福感？

课后朋友圈

了解自我认知，可以帮助我们更好地理解和接纳自己的行为，也可以实现更好的控制自我。

本章主要探讨的是处于成人发展早期的年轻人的成长问题，发展心理学的观点认为成人发展早期的主要矛盾包括亲密关系、家庭和职业。

应对主要矛盾，以职业的选择、适应、发展和平衡四个阶段为主线，有不同的应对方式。

自我成长的最终目标与幸福有关。与他人保持良好的关系、追求你所喜欢的东西、帮助他人是可以帮助你实现幸福目标的三个有效因素。

参考文献

［美］丹妮尔·拉波特：《你原本无须这么辛苦》，化宪宪译，企业管理出版社2013年版。

［美］克利夫·里克斯特：《领导学：个人发展与职场成功》，戴卫东等译，中国人民大学出版社2007年版。

［奥］雷弗德蒙德·马利克：《管理成就生活》，李亚等译，机械工业出版社2009年版。

［英］菲尔·奥莱：《目标感》，林秀兰译，人民邮电出版社2015年版。

［美］斯蒂芬·P. 罗宾斯、蒂莫西·A. 贾奇：《组织行为学》（第14版），孙健敏、李原、黄小勇译，中国人民大学出版社2012年版。

［美］斯蒂芬·P. 罗宾斯、蒂莫西·A. 贾奇：《组织行为学精要》，郑晓明译，机械工业出版社2016年版。

［美］史蒂芬·柯维：《高效能人士的七个习惯》，中国青年出版社2013年版。

郭本禹、姜飞月：《自我效能理论及其应用》，上海教育出版社2008年版。

［英］理查德·科特：《80/20法则》，冯斌译，中信出版社2014年版。

［美］玛格达琳·娜巴克麦尔：《成为高效能人士的36种方法》，刘艳霞、万靖云，刘艳云译，电子工业出版社2014年版。

［加］斯科特·扬：《在办公室外思考》，范千千译，机械工业出版社2016年版。